Melanie und Simon Schüer
Finger weg – nur für Jungs!

Über die Autoren

Melanie Schüer ist Erziehungswissenschaftlerin und freie Autorin, unter anderem für die Zeitschrift „Family". Sie berät Eltern von Babys und Kleinkindern mit Schlaf- und Schreiproblemen sowie Schwangere (www.neuewege.me).

Simon Schüer ist Physiker und hat nach seinem Studium Crash-Berechnungen für Autos durchgeführt. Seit 2017 unterrichtet er an einer Gesamtschule Physik und Mathematik. Er erforscht gern, „was die Welt im Innersten zusammenhält" – ob in physikalischer oder zwischenmenschlicher Hinsicht. Die beiden haben zwei Kinder.

Melanie + Simon Schüer

FINGER WEG!

Nur für Jungs

Alles, was du wissen musst

GerthMedien

INHALT

Alex stellt sich vor

Hey du,

ich bin Alex. Schön, dass du in das Buch hier reinschaust! Ich bin vor Kurzem 18 geworden und habe somit die Pubertät schon hinter mir – Mann, war das 'ne krasse Zeit! So vieles hat sich bei mir verändert – und damit musste ich erst mal klarkommen. Also, ich war echt froh, dass ich meinen älteren Bruder Hanno hatte, den ich alles fragen konnte, wenn ich was nicht geschnallt oder ich mal Mist gebaut habe.

Aber so ein Glück hat ja leider nicht jeder. Mein kleiner Cousin Paul ist jetzt gerade 13 geworden, und der wohnt mit drei Schwestern und seiner Mutter zusammen. Seine Eltern sind geschieden und sein Papa kümmert sich leider kaum um ihn. Daher hat Paul gar keinen Kerl vor Ort, mit dem er über alles quatschen kann, was in seinem Leben gerade so abgeht.

Ich meine, seine Mama ist cool drauf und nett und so, aber manchmal will man eben doch von Mann zu Mann reden. Jedenfalls habe ich Paul deshalb angeboten, dass er immer mit mir reden kann, und jetzt telefonieren wir öfter mal oder chatten miteinander.

Treffen gehen leider nur selten, weil er drei Stunden entfernt wohnt.

Na, jedenfalls ist mir klar geworden, dass es noch mehr Jungs gibt, die Fragen haben und nicht wissen, wem sie sie stellen sollen. Zu meinem Papa hatte ich zum Beispiel noch nie so einen guten Draht, dass ich mit ihm über so was hätte reden können. Und, na ja, große Brüder sind auch nicht immer so cool wie Hanno...

Also dachte ich, wenn ich doch eh gerade so viel für Paul texte, könnte ich das doch alles mal richtig aufschreiben, damit auch andere gute Infos finden. Eigentlich bin ich zwar ein bisschen schreibfaul, aber bei so einem spannenden Thema mache ich mal eine Ausnahme... Kurz fassen werde ich mich trotzdem. Keine Sorge, langes Geschwafel wirst du bei mir nicht finden – ich komme immer direkt zur Sache! Außer natürlich beim Thema „Mädels", aber dazu später mehr...

Ich schreibe einfach mal auf, was mich so während der Pubertät beschäftigt hat, was ich richtig beschissen fand, was mir geholfen hat, aber auch Antworten zu Fragen, die mir in dieser Zeit wichtig waren. Themen sind zum Beispiel Sex, Selbstbefriedigung, Liebe und Verliebtsein, Drogen und Alkohol, Zocken, Umgang mit Mädels und Freundschaften, körperliche Entwicklung (z. B. der erste Samen-Erguss, peinliche Erektionen usw.) und vieles mehr.

Zwischendurch findest du auch Chatverläufe von Paul und mir – Paul ist da ganz locker und ich verrate euch ja nicht seinen echten Namen, also bleibt alles anonym.

Also, viel Spaß beim Lesen! Dein Alex

Plötzlich ändert sich alles …

Alex erzählt

Moin,

heute will ich dir erzählen, wie das bei mir so war, als es mit dem Erwachsenwerden losging. Diese Zeit war echt der Hammer – und, ehrlich gesagt, auch nicht immer cool …

Also, schon kurz vor meinem zehnten Geburtstag ist mir aufgefallen, dass meine Hoden größer geworden sind. So etwa ein Jahr später ist dann auch mein Penis gewachsen, und noch etwas später bekam ich dann immer mehr Haare zwischen Hoden und Penis.

Mit knapp 13 Jahren hatte ich meinen ersten Samenerguss. Daran kann ich mich noch ziemlich genau erinnern, weil ich mich anfangs ziemlich erschrocken habe … Ich bin in der Nacht plötzlich aufgewacht und hab gemerkt, dass meine Hose nass war. „Alter, habe ich mir jetzt etwa in die Hose gepinkelt?", ging es mir zuerst durch den Kopf. Aber dann fiel mir ein, was unser Lehrer im

9

Aufklärungsunterricht erzählt hatte – und als ich dann ins Bad ging, um mich zu waschen, war mir klar: Ich hatte wohl meinen ersten „feuchten Traum" gehabt. Irgendwie war ich hin- und hergerissen zwischen Scham (immerhin zelte ich auch manchmal mit anderen – was, wenn das dann passiert???) und Stolz, weil das ein weiterer Schritt auf dem Weg zum Erwachsenwerden war. Mir wurde klar: Ab jetzt könnte ich theoretisch Vater werden! Irgendwie abgefahren!

Was in der ersten Zeit der Pubertät richtig nervig war, waren die Erektionen. Das hat nicht jeder Junge so oft, aber ich hatte einige Monate lang echt ziemlich häufig einen steifen Penis – und das öfter mal in den unpassendsten Momenten! Zum Beispiel beim Schwimmunterricht, meine Güte, war das peinlich! Ich habe versucht, so lange wie möglich im Wasser zu bleiben, aber mein Kumpel hat es trotzdem gesehen und einen blöden Kommentar abgelassen: „Na, die Mädels sehen schon heiß aus in ihren Bikinis, was?", flüsterte er mir zu. Ich wurde natürlich knallrot... noch viel schlimmer war es aber, als ich mal beim Duschen nach dem Sportunterricht eine Erektion bekommen habe. Keine Ahnung, woran das lag, schließlich waren um mich herum nur Jungs! Die fanden das natürlich megalustig und klopften dumme Sprüche wie: „Ey, Alex, wenn du schwul bist, dann steh doch einfach dazu!" – „Wieso, sein kleiner Freund steht doch schon!"

Das war der peinlichste Tag meines ganzen Lebens, das kannst du mir glauben! Hanno hat mir später erklärt, dass der Körper am Anfang der Pubertät durch die vielen Hormone ziemlich durcheinander ist und deshalb so oft diese Erektionen auftreten –

auch in ganz merkwürdigen Situationen wie dieser. Er hat mir dann noch einen Trick verraten, der manchmal geholfen hat: schnell an etwas denken, was du richtig ekelig und überhaupt nicht sexy findest. Ich habe mir zum Beispiel vorgestellt, wie meine ständig schlecht gelaunte, ungepflegte und stinkende 70-jährige Nachbarin nackt auf mich zukommt und mich küssen will ... da ist so manche Erektion tatsächlich schnell wieder verschwunden!

Wo du in der Pubertät auch durchmusst, ist der Stimmbruch. Der war bei mir nicht ganz so schlimm, dafür aber bei meinem Kumpel Flo. Er klang echt teilweise wie eine Katze, der man auf den Schwanz getreten ist ...

Ich hatte stattdessen ziemlichen Stress mit meiner Haut – Pickelalarm ohne Ende! Was ein wenig geholfen hat, war so eine Heilerde-Paste aus der Apotheke und eine Creme, die mir der Hautarzt verschrieben hat. Wenn du fiese Pickel hast, dann geh lieber direkt zum Doc, anstatt viel Geld für irgendwelches Zeug auszugeben, das eh nicht hilft. Und fang bloß nicht an, die Pickel auszudrücken – das macht alles noch viel schlimmer!

Ernährung macht auch viel aus, denn viel Zucker und Fett fördern Pickel. Also iss nicht jeden Tag Döner oder Pizza und versuche, statt Cola, Saft und anderem süßen Zeug lieber Wasser zu trinken. Das ist echt wichtig im Kampf gegen die Pickel – und auch für einen guten Body.

In dieser Anfangszeit der Pubertät bin ich auch richtig krass gewachsen – das war cool, endlich gehörte ich nicht mehr zu den kleinsten der Klasse!

So mit 14 sind auch meine Achselhaare immer mehr geworden und ich hab angefangen, viel mehr zu schwitzen als früher. Das ist ziemlich nervig – von da an war tägliches Duschen angesagt. Deo ist natürlich hilfreich, aber wohl nicht so super für die Gesundheit, weil da einige Stoffe drin sind, die dem Körper auf Dauer schaden. Deshalb benutze ich das nur, wenn unbedingt nötig und wasche mich sonst einfach zwischendurch im Laufe des Tages mit einem Waschlappen unter den Armen. Eine Zeit lang, als das Schwitzen besonders schlimm war, habe ich mir so ein Natur-Deo besorgt, das man sich einfach in einem Drogeriemarkt wie DM, Rossmann, Müller oder so besorgen kann. Das ist nicht ganz so ungesund und hilft auch.

Das gefühlsmäßige Chaos ging bei mir schon so mit 10 oder 11 Jahren los. Irgendwie wechselte meine Laune ständig – mal war ich supergut drauf, dann wieder total genervt oder traurig. Ich regte mich viel schneller auf als sonst und stritt mich plötzlich viel öfter mit meinen Eltern. Das ging auch noch die ganzen nächsten Jahre so weiter – kein Wunder, wenn der Körper sich so krass verändert. Da fühlt man sich einfach öfter mal richtig unwohl!

Und es ist ja nicht nur der Körper, der wächst. Auch man selbst entwickelt sich: vom Kind zum Erwachsenen – und das ist gar nicht so einfach! Manchmal habe ich mich schon total selbstständig und reif gefühlt und dann wieder voll unsicher, wie ein kleines Kind.

Auch die Mädchen bringen einen in dieser Zeit ziemlich durch-einander – manchmal reicht ein knackiger Po, und schon bekommt man eine Erektion. Ich habe sogar einmal beim Fernsehen einfach so einen Orgasmus bekommen, als ein Junge und ein Mädel sich ziemlich heiß geküsst haben – zum Glück konnte ich schnell zur Toilette gehen, und ich glaube, meine Kumpels haben nichts gemerkt.

Ja, es ist einfach heftig, was sich in der Pubertät so alles verändert. Besonders am Anfang ist das ganz schön verwirrend und beängstigend, und man fühlt sich manchmal wie ein Alien und fragt sich: Was ist los? Wo ist mein altes, gechilltes Leben hin?

Aber ich kann dich beruhigen: Es wird besser! Man gewöhnt sich an die Veränderungen, und die Hormone im Körper pendeln sich ein, sodass alles bald wieder normaler und ruhiger verläuft.

Da fällt mir grad ein: Paul hat mir neulich geschrieben und mir ein paar intime Fragen zum Thema Körperentwicklung und Selbstbefriedigung gestellt. Da dürft ihr gern mal reinlesen!

Paul:
Moin, was geht? ✔

Alex:
Alles fit, und bei dir? ✔

Paul:
Joa … irgendwie verändert sich gerade ziemlich viel. Körperlich und so. ✔

Alex:
Klar, gehört dazu. Aber ist manchmal echt anstrengend, oder? ✔

Paul:
Ja … du, ist das eigentlich richtig, dass man beim Waschen seine Vorhaut zurückziehen muss? Weil … irgendwie habe ich seit einiger Zeit so seltsame weiße Schmiere am Schwanz … ✔

Alex:
Ja, genau, das ist voll normal. Das hat man so ab der Pubertät und heißt Smegma. Du solltest einfach einmal am Tag deinen Penis mit warmem Wasser waschen und dabei die Vorhaut über deiner Eichel zurückziehen, um da alles sauber zu kriegen. ✔

Paul:
Eichel ist die Spitze vom Penis, oder? ✔

Alex:
Bingo! ✔

Paul:
Alles klar. Und wie ist das eigentlich mit den Erektionen … mein Penis wird seit einigen Monaten ständig hart! Woran liegt das? ✔

Alex:
Auch völlig normal in der Pubertät! Gerade am Anfang. Dein Körper bildet jetzt ganz viele Hormone, besonders viel Testosteron und Adrenalin. Das führt dazu, dass deine Geschlechtsteile und deine Schamhaare wachsen, irgendwann auch der Bart und die Achselhaare …

Aber dafür bekommst du auch mehr Muskeln, wirst größer und kannst Sex haben. ✔

Paul:
Aber warum muss das Ding ständig hart werden? Das ist manchmal ganz schön unangenehm … ✔

Alex:
Ich weiß. Das wird mit der Zeit aber auch besser, wenn die Hormone in deinem Körper sich eingespielt haben. Immer wenn du erregt bist – dazu reicht manchmal ein Gedanke –, wird ganz viel Blut in deinen Penis gepumpt, und er wird steif. Manchmal hat man auch eine „Morgenlatte", wacht also mit steifem Penis auf. Das liegt dann meist daran, dass man pinkeln muss. ✓

Paul:
Verstehe. Wenn ich meine Ruhe habe, fühlt sich das ja auch ganz gut an. Kann ich dich was Persönliches fragen? ✓

Alex:
Klar, immer doch. ✓

Paul:
Ist es eigentlich okay, an sich selbst rumzuspielen? Also bis man einen Orgasmus hat? ✓

Alex:
Ich finde das völlig okay. Man entdeckt damit seinen eigenen Körper und lernt seine Sexualität kennen. Was sollte daran falsch sein? ✓

Paul:
Keine Ahnung, ich war mir nicht so sicher …

Alex:
Was eher ein Problem ist, sind Pornos. Da werden nämlich Frauen meist ziemlich respektlos als Sex-Objekte behandelt und Sex wird voll übertrieben dargestellt.

Ich kenne Männer, die bei normalem Sex kaum noch einen Orgasmus kriegen, weil sie durch die Pornos so abgestumpft sind! Und ein Kumpel von mir ist richtig süchtig nach Pornos geworden – das war so krass, dass sogar seine Partnerschaft dadurch kaputtgegangen ist.

Paul:
Krass, das wusste ich nicht.

Alex:
Ja, Pornos sind keine gute Sache. Da wäre ich echt vorsichtig. Aber sich schöne Gedanken machen und dabei sich selbst etwas Gutes tun … das ist doch völlig normal! Klar ist es wichtig, dass du dich nicht ständig selbst befriedigst und kaum noch was anderes machst. Aber dass man mal mehr und mal weniger Lust dazu hat, ist völlig okay.

Paul:
Dann weiß ich Bescheid. Danke. Echt alles nicht so einfach … Was mich auch nervt, ist, dass alle anderen Jungen schon viel größer sind als ich. Die machen sich gern mal über mich lustig und ich hab das Gefühl, dass die Mädchen mich auch nicht richtig ernst nehmen. Ich bin immer noch der kleine, dünne Junge. ✔✔

Alex:
Ja, kann ich verstehen, dass das nervt. Leider hat jeder Körper ein anderes Tempo … Vermutlich machst du auch noch einen Sprung in die Höhe, aber halt etwas später. Für eine richtige Beziehung ist es eh noch ziemlich früh, also mach dir wegen der Mädels nicht zu viele Sorgen. Und versuche einfach, selbstbewusst zu sein, dann ist die Größe auch gar nicht mehr so wichtig. ✔✔

Paul:
Klingt gerade, als würdest du über die Penisgröße schreiben. Meiner hat auch noch Nachholbedarf. 😊 ✔✔

Alex:
Der wächst schon noch. Und letztlich ist das auch nicht so entscheidend. Wir Kerle machen uns darüber immer so viele Gedanken. ✔✔

Alex:
… ähnlich wie die Mädels, die meinen, ihre Brüste seien zu klein. Dabei finde ich kleinere Brüste viel hübscher als ganz große, schwere. Wobei es auch Frauen gibt, denen große Brüste gut stehen. Es kommt doch immer auf das Gesamtbild an … ✔✔

Paul:
Ja, schon … Aber ein größerer Penis fühlt sich beim Sex für die Frau doch bestimmt besser an? ✔✔

Alex:
Nicht unbedingt. Die Scheide ist ja dehnbar und kann sich daher unterschiedlichen Penisgrößen anpassen. Oft ist es sogar eher so, dass ein großer Penis wehtut, wenn die Frau etwas enger gebaut ist. Und für viele Frauen ist eh die Berührung außen am Kitzler wichtiger – oder zumindest genauso wichtig für das Rein-raus. 😊 ✔✔

Paul:
Gut zu wissen. Und eine Sache noch – wie mache ich das mit den Bartstoppeln und den Schamhaaren? ✔✔

Alex:
Du kannst sie wachsen lassen, solange es dich nicht stört. Und sonst rasieren. Es gibt elektrische Rasierer, die sind meist nicht ganz so gründlich. Die Nassrasierer sind da schärfer, aber dafür reizen sie auch die Haut mehr. Da bekommt man oft kleine Pickelchen. Das musst du einfach ausprobieren. Und mit den Schamhaaren macht es auch jeder unterschiedlich … Ich schneide sie einfach ab und zu mit einer Schere, wenn sie mir zu lang und viel werden. ✓

Paul:
Danke für die Tipps! Ich muss los, wir hören uns! ✓

Alex:
Gern, mach's gut! ✓

Wann bei Jungen die Pubertät einsetzt, ist total unterschiedlich und hängt davon ab, wie früh und wie schnell dein Körper mehr Sexualhormone ausschüttet. Das Wachstum des Genitals beginnt so zwischen dem 10. und 16. Lebensjahr und ist bei den meisten Jungen mit etwa 18 Jahren abgeschlossen. Mit ungefähr 12 Jahren fangen bei den meisten Jungs die Hoden langsam zu wachsen an, und etwa ab diesem Alter kannst du vielleicht schon die ersten Schamhaare sehen. Doch wie gesagt, all das kann auch etwas früher oder später beginnen – und das ist ganz normal.

Mit ungefähr 13 fangen deine Hoden an, Spermien zu produzieren, bei einigen Jungs auch schon zwei bis drei Jahre früher. Offiziell beginnt die Pubertät mit dem ersten Samenerguss – wann der stattfindet, ist ziemlich unterschiedlich, in der Regel aber zwischen 11 und 15 Jahren. Bei den meisten Jungs kommt er im Schlaf, oft ausgelöst durch einen erotischen Traum („feuchten Traum"). Meist bemerkt man das erst beim Aufwachen durch die nasse bzw. fleckige Unterhose. Wenn man sich selbst befriedigt, kann man aber auch schon einen Orgasmus haben, bevor der Körper Sperma produziert. Dann kann es auch sein, dass der erste Samenerguss bei der Selbstbefriedigung geschieht. Allerdings gibt es auch Ergüsse vor der Produktion von Spermien. Es kann also passieren, dass schon Ejakulat (Samenflüssigkeit) aus dem Penis kommt, ohne dass Spermien dabei sind.

Zwischen dem 11. und 16. Lebensjahr kommen viele Jungen in den Stimmbruch – die Stimme stellt sich um: Sie verändert sich von der hellen Kinderstimme zu einer tiefen Männerstimme, und während dieses Prozesses ist es ganz normal, dass es manchmal krächzt und quietscht. Das Bartwachstum kommt meist erst zwischen 15 und 19 Jahren langsam in Fahrt, bei manchen auch schon früher. Häufiges Rasieren fördert das Bartwachstum übrigens nicht. Wenn du dich rasieren willst, probiere am besten aus, ob du besser mit einem elektrischen oder Nass-Rasierer zurechtkommst. Eine Aftershave-Lotion ist meistens sinnvoll, um die Haut nach der Rasur zu beruhigen und damit Pickeln vorzubeugen.

Apropos Pickel: Damit kämpfen fast alle Jungen in der Pubertät, mehr oder weniger! Du kannst ein wenig gegensteuern, indem du auf gute Hautpflege achtest: Besorge dir in der Apotheke einen Waschschaum und eine Creme gegen unreine Haut und benutze beides morgens und abends. Wenn es damit nicht besser wird, dann frage auch gern mal beim Hautarzt nach einer speziellen Creme mit stärkerem Wirkstoff. Auch die Ernährung wirkt sich auf das Hautbild aus – konsumiere Fast Food, ungesunde Fette wie in Chips, Pommes, etc. und Zucker nur in Maßen. Auch wenn Akne (also die Pickelbildung im Gesicht) ziemlich nervig ist – nach ein paar Jahren ist meist das Schlimmste vorbei. Versuche, selbstbewusst damit umzugehen – schließlich sind Pickel in der Pubertät etwas ganz Normales, was nahezu alle Jugendlichen kennen.

Viele Jungs wachsen mit etwa 14 Jahren ordentlich – aber es kann auch etwas früher oder später passieren, nicht selten haben Jungs auch mehrere Wachstumsschübe. Mach dir also keine Sorgen, wenn du später dran bist als deine Mitschüler!

Unwohlsein und Hormonchaos

Wenn du dich unwohlfühlst, denk daran: Dein Körper erbringt gerade Höchstleistungen! Du befindest dich mitten in einem krassen Verwandlungsprozess. In deinem Körper finden gerade heftige Veränderungen statt, sei deshalb geduldig mit ihm, wenn er sich eine Weile nicht von seiner besten Seite zeigt. Die Pubertät ist chaotisch, ja. Doch das geht vorbei! Dein Körper wird sich wieder beruhigen – lass ihm einfach ein wenig Zeit!

Auch wenn du mal bedrückt oder schlecht gelaunt bist und nicht so richtig weißt, warum eigentlich, ist das nicht gleich ein Grund zur Sorge. Denn die Hormone spielen einfach manchmal verrückt. Wenn du aber über eine längere Zeit nur noch traurig und in schlechter Stimmung bist, könnte es sein, dass du eine Depression entwickelt hast oder auf dem Weg dahin bist. Bleibe damit nicht allein! Suche dir Unterstützung von einer Therapeutin oder in einer psychologischen Beratungsstelle. Dort lernst du Strategien und Tipps, damit es dir bald wieder besser geht.

Auch wenn du ungewöhnlich starke Ängste hast, die dich belasten und einschränken, gibt es Hilfe.

Eine Übersicht zu Hilfsangeboten gibt es am Ende des Buches.

Kerle & Klamotten

Shoppen ist nicht unbedingt das Lieblingshobby der meisten Jungs. Aber gut gestylt zu sein, ist den meisten schon einigermaßen wichtig. Zumindest sollten die Klamotten so aussehen, dass man damit akzeptiert und nicht ausgelacht wird. Aber manchmal gibt es auch einen ziemlichen Druck, wenn zum Beispiel fast alle anderen Markenklamotten tragen – und die eigenen Eltern nicht so viel Geld haben, um das locker bezahlen zu können. Dann fühlt man sich schnell ziemlich anders als die anderen und muss sich deswegen möglicherweise fiese Sprüche anhören ... Das nervt und tut richtig weh.

Auch wenn es nur ein kleiner Trost ist: Der Marken-Wahn hält meist nicht ewig lange an. Die meisten Leute kapieren irgendwann, dass es Wichtigeres gibt, und interessieren sich dann nicht mehr so sehr dafür, ob ihre Klamotten Markenlabels haben. Und die, die weiterhin meinen, den Wert eines Menschen an seinen Klamotten festmachen zu können, sind vermutlich eh nicht die besten Freunde ...

In diese Richtung gehen auch folgende Fragen, die du dir mal durch den Kopf gehen lassen kannst:

 Mögen meine Freunde mich nur,
wenn ich teure Klamotten trage?

 Lohnt es sich, mich verrückt zu machen,
nur um ihnen zu gefallen?

 Wäre es nicht besser, wenn ich ich selbst
sein könnte und Kumpels finden würde,
die mich so mögen, wie ich bin?

Besser einen echten Freund als zehn „Freunde", die dich im Stich lassen, sobald du ihre Erwartungen nicht mehr erfüllst!
Wenn du aber trotzdem gern ab und zu mal Markenklamotten haben willst, wirst du vielleicht in Secondhandshops fündig, wo es oft gebrauchte, aber gut erhaltene Klamotten für wenig Geld gibt. Oder, wenn deine Eltern damit einverstanden sind, besorg dir die Teile auf ⟩⟩ eBay oder ⟩⟩ kleiderkreisel.de.
Marken sind nicht alles. Deshalb: Mach nicht mit, wenn andere über Leute herziehen, nur weil diese keine Markenklamotten tragen oder anders aussehen als die meisten. Warum sollten eigentlich alle gleich aussehen müssen? Ist es nicht viel besser, wenn jeder so rumlaufen darf, wie es ihm gefällt – ohne dumme Sprüche riskieren zu müssen? Wir reden doch ständig von Freiheit und davon, dass Regeln nerven – warum sollte diese Freiheit dann nicht auch beim Aussehen gelten? Wär doch cool, wenn jeder so akzeptiert wird, wie er ist, und nicht alle den gleichen Look haben! Und wenn jeder ganz entspannt experimentieren könnte, bis er herausgefunden hat, mit welchem Style er sich wohlfühlt! Man muss sich mit seinem Klamotten-Stil nicht festlegen – gerade in der Pubertät ist es ganz normal, dass man auf der Suche nach dem eigenen Style ist. Gönn dir (und anderen) diese Freiheit!
Natürlich kann es sein, dass bei extremen Looks deine Eltern nicht einverstanden sind. Das nervt dann oft erst mal, ja. Aber versuche dir klarzumachen, dass Eltern in der Regel nur das Beste für ihre Kinder

wollen. Vielleicht haben sie Angst, dass du mit einem extremen Aussehen nicht mehr ernst genommen wirst oder du von den Lehrern schlechter beurteilt wirst oder so ... Eltern sind da manchmal ziemlich besorgt, aber meistens einfach deshalb, weil sie ihre Kinder lieben! Rede mit ihnen über ihre Bedenken und Sorgen, und schau, ob ihr vielleicht einen Kompromiss finden könnt.

Natürlich solltest auch du dir überlegen, ob du wirklich hinter dem stehen kannst, was deine Klamotten aussagen. Gewaltverherrlichende Symbole oder satanistische Musik mögen zunächst „cool" wirken, aber tatsächlich trägst du damit ziemlich krass-negative Sachen in die Welt. Wenn du eigentlich möchtest, dass Menschen respektvoll miteinander umgehen, passt das einfach nicht zusammen. Und wenn du an Gott glaubst, wäre ein T-Shirt von einer Band, die für satanistische Inhalte bekannt ist, auch ziemlich daneben. Schwarz, Leder, Hippie, Neon ... natürlich darfst du dich gerne ausprobieren, aber übertreibe es nicht mit Sachen, die du eigentlich selbst nicht okay findest.

Muskelprotze

Hi,

na, heute schon pumpen gewesen? Spaß beiseite, ziemlich viele Kerle trainieren ja im Fitness-Studio. Manchmal kommt es mir so vor, als wäre das schon zu einem richtigen Zwang geworden – so nach dem Motto: „Wenn du kein Sixpack und keine muskelbepackten Oberarme hast, bist du echt ein Loser." Keine Ahnung, warum das so ist, aber einige Typen machen ihr Selbstbewusstsein echt total abhängig von ihrer Muskelmasse.

Dabei kann ich ganz klar sagen: Einige meiner Freunde sind ziemlich dünn und haben kaum Muskeln – und sind trotzdem cool und „echte Kerle"! Ich käme auch nie auf die Idee, die wegen ihrer Figur abzuwerten oder so. Für mich spielt das einfach keine Rolle – oder zumindest nicht mehr.

Eine Zeit lang habe ich auch mehrmals pro Woche trainiert und mir in den Kopf gesetzt, dass ich viel angesagter sein würde, wenn ich mehr Muskeln hätte. Zwischendurch bin ich richtig abgegangen, war fast täglich im Studio und hab ständig diese ekligen Proteindrinks geschlürft. Ein paar meiner Kollegen haben sogar angefangen, Anabolika zu nehmen – Tabletten, um das Muskelwachstum zu beschleunigen. Hat zwar gewirkt, aber teils mit heftigen Nebenwirkungen: Sie hatten Akne, krasse Schlafstörungen, einer hat sogar Brüste bekommen wie eine Frau! Das Risiko für Krebs und Herzinfarkte soll ja bei Einnahme von diesen Dopingsubstanzen auch steigen und bei manchen schrumpfen die Hoden. Zum Glück haben die meisten mit dem Zeug wieder aufgehört, aber manche nehmen das noch immer.

Ich habe damals zum Glück erst gegoogelt, weil ich wissen wollte, was das Zeug für Nebenwirkungen hat, und dann direkt „Nein, danke!" gesagt. Trainiert habe ich noch eine ganze Weile, aber irgendwann hab ich gemerkt, dass mir Fitness-Studio einfach keinen Spaß macht und ich lieber Mountainbike fahre oder skate. Das hält mich fit und macht mir gut Laune. Ich muss kein Muskelprotz sein, um mich männlich zu fühlen!

Keine Frage – Sport tut gut! Es verbessert die Stimmung und hat eine ganze Menge positiver Wirkungen auf deine Gesundheit. Auch Fitness und Bodybuilding müssen nicht schlecht sein, solange es in gesundem Maß betrieben wird. Von Anabolika und ähnlichen Medikamenten solltest du die Finger lassen. Auch eine krass eingeschränkte Ernährung, zum Beispiel nur mit Eiweißpulver oder Ähnlichem, schadet dir auf Dauer, weil dir dann wichtige andere Nährstoffe fehlen, die dein Körper braucht – gerade jetzt im Wachstum.

Früher wurde oft behauptet, dass Krafttraining in der Pubertät schädlich sei und beispielsweise das Wachstum störe oder die Knochen schädige. Das sehen die meisten Experten heute nicht mehr so – vorausgesetzt, das Training wird nicht übertrieben. Wenn du gern im Fitness-Studio trainieren willst, ist das also grundsätzlich möglich. Damit es zu keiner Überlastung kommt, solltest du vorher mit deinem Haus- oder Kinderarzt reden, ob bei dir gesundheitlich etwas gegen Krafttraining spricht, und dir dann ein Fitness-Studio suchen, wo du professionell begleitet wirst – zumindest am Anfang. Steigere dich langsam und gönne dir nach jedem Training mindestens einen Ruhetag, an dem du kein Krafttraining machst.

Aber natürlich gibt es neben dem Gerätetraining auch viele andere Sportarten! Nur weil viele in deinem Alter im Studio trainieren, muss das nicht heißen, dass dies auch für dich das Richtige ist. Schau doch mal im Internet, welche Vereine und Sportangebote es in deiner Nähe gibt, und probiere ein wenig aus, bis du etwas gefunden hast, das dir Spaß macht. Das Wichtigste beim Sport ist nämlich, dass er dazu beiträgt, dass du dich besser fühlst – körperlich und gefühlsmäßig. Muskeln sollten nicht das Wesentliche sein. Wenn du merkst, dass du dich mit deinem Training total unter Druck setzt, läuft etwas falsch. Höchstwahrscheinlich machst du dann dein Selbstbewusstsein abhängig von deiner Muskelmasse. Und das ist alles andere als gut! Wenn man den eigenen Wert von etwas Äußerem wie dem Aussehen abhängig macht,

dann ist das eine extrem wackelige Grundlage für deine Selbstsi-
cherheit. Denn selbst wenn du es schaffst, supertrainiert und cool
auszusehen: Das kann dir jederzeit genommen werden, zum Beispiel durch irgendeine Erkrankung oder einen größeren Unfall. Dann
darfst du nämlich längere Zeit nicht mehr trainieren – und das war's
dann mit dem Traumbody. Außerdem macht es unglaublich viel Stress,
wenn man meint, immer was tun zu müssen, damit man was wert ist.
Ganz ehrlich: Du bist so viel mehr als dein Aussehen und deine Muskeln! Du bist so viel mehr als das, was andere über dich sagen! Auch
wenn es dir vielleicht noch schwerfällt zu glauben – es ist wahr:
Du bist wertvoll und einzigartig so, wie du bist. Ohne Wenn und Aber,
ohne irgendwelche Bedingungen. Dich gibt es nur einmal auf dieser
Welt und du bist was ganz Besonderes. Dafür musst du weder trainieren noch sonst etwas tun. Das steht für immer fest. Mehr zu diesem
Thema findest du unter „Selbstwert" auf ❯❯ Seite 103–122.

Was finden Mädchen attraktiv?

Klar finden es die meisten Mädels gut, wenn Jungen fit sind und ein
bisschen sportlich aussehen. Doch extreme Muskeln wirken auf Mädchen oft eher abschreckend. Wir (meine Frau Melanie und ich) haben
uns mal Studien und Forenbeiträge angeschaut, um dir ein paar Antworten auf die Frage zu geben, was Mädchen an Jungen attraktiv finden. Hier ist die fertige Liste:

- Humor
- schöne Augen
- er sollte nett zu anderen sein
- Intelligenz
- man sollte gut mit ihm reden können
- romantisch
- er treibt Sport (egal, welchen), achtet auf seinen Körper
- guter Duft
- gut zuhören können, Aufmerksamkeit
- gepflegte Haare
- Großzügigkeit
- Hilfsbereitschaft
- möglichst etwas größer als ich
- Musikalität
- **Interessant:** Frauen nehmen Männer, die rote Kleidung tragen, meist als besonders attraktiv wahr. (Natürlich muss einem die Farbe aber auch stehen.)

Du siehst, auf den Großteil der Punkte hat man durchaus einen Einfluss – auch ohne übertriebenes Training. Die meisten Mädchen und Frauen bestätigen außerdem, dass ihnen die inneren Werte eines Jungen/eines Mannes wichtiger sind als das Aussehen. Vielleicht hast du es selbst auch schon mal erlebt: Man kann eine Person auf den ersten Blick superattraktiv finden, aber wenn man dann merkt, dass sie charakterlich total oberflächlich und langweilig ist, findet man sie auf einmal auch nicht mehr so hübsch. Ande sherum funktioniert das genauso: Manche Menschen findet man nicht so gut aussehend, aber wenn man sie dann kennenlernt und merkt, wie toll sie sind, erscheinen sie einem auf einmal total anziehend. Deswegen ist der Spruch „Wahre Schönheit kommt von innen" kein bloßes Gelaber, sondern wissenschaftlich bewiesen. Ein cooler Satz, der das deutlich macht:

> *Es gibt so sagenhaft schöne Menschen auf der Welt… und es ist scheißegal, wie die aussehen.*[1]

Einen guten Umgang mit dem Körper finden

In der Bibel wird unser Körper als „Tempel des Heiligen Geistes" beschrieben (siehe 1. Korinther 6,19). Das bedeutet: Dein Körper ist keine wertlose Hülle, auch kein Beautyobjekt oder Aushängeschild, das du nutzen sollst, um gut anzukommen und dich zu profilieren. Sondern dein Körper ist wie ein sehr wertvolles, besonderes Gebäude, in dem Gottes Geist wohnen will. Gott empfindet deinen Körper als sehr kostbar, und er will ihn gebrauchen, um in dieser Welt Gutes zu bewirken. Wie behandelt man einen Tempel? Stell dir mal vor, du hast die Aufgabe, dich um eine sehr wertvolle, wunderschöne Kirche zu kümmern. Wenn man diese Kirche betritt, spürt man: Gott ist da. Du fühlst, dass dies ein ganz besonderer Ort ist. Wie würdest du mit dieser Kirche umgehen, um deine Aufgabe gut zu erfüllen? Sicher würdest du darauf achten, dass die Räume mit Vorsicht und Respekt behandelt werden, dass sie sauber gehalten und gepflegt werden, oder?
Übertragen auf deinen Körper heißt das: Sei gut zu ihm! Achte ihn, weil er ein Tempel für den Heiligen Geist ist. Ganz praktisch bedeutet das: Hungere deinen Körper nicht aus, weil du sonst deine Gesundheit aufs Spiel setzt. Stopf dich aber auch nicht mit ungesunden Lebensmitteln voll, weil auch das deinem Körper schadet. Versorge deinen

Körper stattdessen mit gesundem Essen, damit er Kraft und wichtige Nährstoffe bekommt. Bewege dich ausreichend, weil dein Körper auf diese Weise fit bleibt und du dich besser fühlst. Schlafe genug, damit du Energie hast, dein Leben aktiv zu gestalten, und das, wofür du geschaffen wurdest, ausleben kannst.

Häng nicht stundenlang ohne Pause vor dem PC, weil du damit deinem Rücken und deinen Augen schadest – und deiner Gesundheit das superwichtige Tageslicht fehlt. Tageslicht, das durch das Fenster scheint, zählt nicht. Denn nur, wenn du draußen bist, bildet dein Körper wichtige Stoffe, die er für die Bildung von Abwehrkräften braucht. Außerdem ist Bewegung an der Luft der beste Ausgleich gegen das viele Sitzen in der Schule.

Und was die Einstellung zu deinem Körper angeht: Akzeptiere ihn, freunde dich mit ihm an. Denn wenn du ihn ablehnst, dann geht diese Ablehnung nicht nur gegen dich selbst. Im Grunde sagst du damit auch: „Gott, das, was du mir da geschenkt hast, finde ich hässlich!" Und das, obwohl Gott deinen Körper so megagenial und mit so viel Liebe geschaffen hat. Manchmal hilft es, sich das klarzumachen: Wenn ich meinen Körper verachte, beleidige ich damit auch den, der ihn geschaffen hat. Und wenn ich nicht gut zu meinem Körper bin, missachte ich das Geschenk, das Gott mir mit meinem Körper gemacht hat.

Das heißt nicht, dass wir uns nicht vornehmen können, etwas an unserem Körper zu ändern. Wenn du zum Beispiel wirklich übergewichtig bist, ist es gut und gesund, deine Ernährung zu verbessern und mehr Sport zu machen. Und natürlich spricht auch nichts dagegen, bei Akne einen Hautarzt nach einer guten Salbe zu fragen. Oder die Frisur cool zu stylen oder mal shoppen zu gehen...

Aber wichtig ist, dass du dich nicht irgendwelchen äußeren Schönheitsidealen unterwirfst, sondern dich vor den Spiegel stellst und zu dir sagst: „Das ist mein Körper. Nicht perfekt, so wie kein Körper perfekt ist. Aber wertvoll und besonders. Ich bin attraktiv, weil Gott nichts Hässliches erschafft."

Schwächen akzeptieren, Vorzüge betonen

Auch wenn Jungen und Männer sich meist nicht ganz so viel Stress mit dem Aussehen machen wie die Frauenwelt – vermutlich kann auch jeder Kerl mindestens eine Körperstelle benennen, mit der er nicht voll und ganz zufrieden ist. Das ist völlig normal. Aber es macht einen Unterschied, ob ich sage: „Es nervt manchmal, der kleinste Junge der Klasse zu sein", oder aber: „Na ja, ich wäre schon gern größer. Aber dafür habe ich coole Haare und schöne Augen und kann richtig gut zuhören."

Man kann lernen, seinen Körper anzunehmen – und auch die Stellen, die man sich manchmal anders wünscht, mit einer gewissen Gelassenheit zu akzeptieren. Wer schon mal eine schwere Krankheit durchgemacht hat, erkennt hinterher meist, wie wertvoll ein funktionsfähiger, einigermaßen gesunder Körper ist – und wie dumm es ist, diesen zu verachten, nur weil er nicht allen Schönheitsidealen entspricht.

Wenn du krampfhaft auf einen „perfekten" Körper hinarbeitest und alles tust, um perfekt trainiert und gestylt auszusehen – welche Botschaft sendest du dann anderen Jungen? Wenn sie dich für perfekt halten, werden sie möglicherweise mit ihrem eigenen Körper unzufrieden sein, weil sie denken: „Der sieht viel besser aus als ich." So setzen wir uns gegenseitig total unter Druck, weil wir so tun, als wäre ein idealer Körper das Wichtigste im Leben. Wäre es nicht viel entspannter, wenn wir zu unseren „Makeln" stehen, selbstbewusst damit umgehen, und dadurch auch andere ermutigen, sich selbst zu akzeptieren und einfach das Leben zu genießen, statt sich selbst fertigzumachen?

Der „Trick" von selbstbewussten Kerlen mit einer tollen Ausstrahlung ist genau der: das, was am eigenen Körper nicht vollkommen ist, locker sehen – und das, was man an sich gut findet, betonen. Überlege dir also, was dir an deinem Aussehen gefällt. Wenn du gerade eine sehr negative Sicht auf deinen Körper hast, dann denk erst mal darüber nach, was du an dir „ganz okay" findest – oder was andere vielleicht positiv sehen könnten. Wenn du magst, kannst du auch andere Menschen fragen. Vielleicht hast du ein sympathisches Lächeln oder ausdrucksstarke Augen, eine super Haut oder tolle Haare, einen knackigen Po ... Vielleicht bist du ja schlank oder groß?

Wenn du weißt, was an deinem Äußeren dir gut gefällt, dann suche bewusst nach Klamotten oder Frisuren, die deine Vorzüge betonen, und sei stolz darauf! Lass dich mal bei einem guten Friseur beraten, welche Frisur zu deiner Gesichtsform passt. Oberteile mit waagerechten Streifen lassen schmale Oberkörper etwas breiter erscheinen. Wenn deine Arme recht dünn sind, wirken sie durch hochgekrempelte Ärmel ein wenig breiter. Wenn du hingegen gern etwas schmaler aussehen würdest, passen Oberteile mit Längsstreifen perfekt zu dir. Einen ähnlichen Effekt haben dunkle Farben und offene (Sweat-)Jacken.

Dunkle Hosen lassen die Beine eher länger und schmaler wirken, währenddessen helle Hosen – besonders, wenn sie noch Extras wie zusätzliche Taschen, Nähte etc. haben – etwas Breite hinzumogeln.

Auch die Farbe deiner Klamotten macht viel aus – je nach Hauttyp und Haarfarbe sind bestimmte Farben für dich super, andere weniger vorteilhaft. Infos über Farbtypen findest du beispielsweise unter ❯❯ www.maenner-style.de/welche-farben-passen-zu-meinem-typ.

Dünn, dünner, am dünnsten?

Zwar denken die meisten Leute bei Essstörungen eher an Mädels, aber tatsächlich sind auch einige Jungen davon betroffen:

 von dem quälenden Gedanken, zu dick zu sein, obwohl alle sagen, dass das nicht stimmt

 von der ständigen Beschäftigung mit den Speckröllchen und der Waage

 von dem Gefühl, sich kein Essen gönnen zu dürfen

Es gibt ganz unterschiedliche Arten von Essstörungen. Manchmal geht es ganz klar ums Abnehmen, wobei die eigene Wahrnehmung des Körpers gestört ist. Das heißt, man fühlt sich dick, obwohl man es eigentlich gar nicht ist. Es gibt auch den Fall, dass Betroffene den Eindruck haben, es geht eigentlich gar nicht so sehr ums Abnehmen, aber sie kriegen trotzdem kaum etwas runter oder müssen das Essen direkt wieder erbrechen...

Essstörungen wie Magersucht und Bulimie haben viele schlimme Folgen wie Haarausfall, Zahnprobleme, Herzrhythmusstörungen, Nierenschäden... und können sogar tödlich enden. Wenn dein Essverhalten gestört ist oder du bei einem Freund eine Essstörung vermutest, dann bleibe damit nicht allein! Beratungsstellen, an die du dich (auch anonym) wenden kannst, findest du am Ende des Buches.

Noch nicht fertig

Wenn du deinen Körper betrachtest, dann denk dran, dass er noch nicht fertig entwickelt ist. Bis du etwa 20 Jahre alt bist, wird dein Körper sich noch stark entwickeln – und auch danach gibt es immer mal wieder Veränderungen. Aber mitten in der Pubertät sind diese Veränderungen eben besonders heftig, und dann kann es schon mal sein, dass du dich total unwohlfühlst, weil dir dein Körper noch so „unfertig" vorkommt. Vielleicht hast du schon Bartstoppeln, aber bist noch viel kleiner als deine Freunde? Das Tempo, in dem sich Körperteile entwickeln, ist nicht immer gleich. Sei also geduldig mit deinem Körper und gib ihm Zeit, sich zu entwickeln. Betrachte die Veränderungen neugierig, und behandle deinen Körper gut, indem du gesund lebst, Sport treibst und ihn mit gesunder, vitaminreicher Nahrung versorgst. Das hilft deinem Körper, sich so gut und attraktiv wie möglich zu entwickeln.

LIEBE & SEX

Alex erzählt

 *Hi,*

soll ich dir mal was sagen? Ich finde, Liebe und Verliebtsein sind ganz schön krasse Themen. Das erste Mal verliebt war ich, als ich 14 war. Das Mädel, das mich damals um den Verstand brachte, hieß Vanessa, und sie war einfach hinreißend! Fast alle Jungen aus der Schule schwärmten für sie, und ich bildete mir damals ein, dass ich bei ihr eine Chance hätte, weil wir in der Theater-AG eine Zeit lang oft miteinander redeten.

Verliebtsein ist so ein heftiges Gefühl, das haut einen echt total um! Ich habe ständig an sie gedacht und in jeden Blick, jede Geste was reingedeutet. Und auch nachts hat sie mich ziemlich oft in meinen Träumen besucht.

Leider musste ich recht bald feststellen, dass ich mir ihre tiefen Blicke wohl nur eingebildet hatte: Als ich einmal nach der AG mit ihr allein zum Bus lief, nahm ich all meinen Mut zusammen und gestand ihr meine Gefühle ... Und was tat sie? Sie lachte! Autsch, autsch, autsch!

Kannst du dir vorstellen, wie unglaublich demütigend das war? Sie murmelte dann noch irgendwas davon, dass ich mir jemanden in meiner Liga suchen sollte, und weg war sie. Das war echt voll der Schock und danach war ich tagelang down. Ich saß nur in meinem Zimmer und hatte keine Lust auf gar nichts.

Liebeskummer ist echt mies. Doch auch wenn man es anfangs nicht glauben mag: Das geht irgendwann vorbei. Und im Nachhinein bin ich froh, dass es mit Vanessa nichts geworden ist, denn sonst hätte ich womöglich zwei Jahre später meine Traumfrau Rebecca nicht kennengelernt!

Warst du schon mal verliebt? Dann kannst du vermutlich gut nachvollziehen, was Alex hier beschreibt. Und wenn nicht, dann darfst du gespannt sein auf das, was dich da erwartet!
Wenn wir verliebt sind, löst das in unserem Gefühlsleben ein echtes Feuerwerk aus. Der Gedanke an diesen einen Menschen ist auf einmal stärker als alles andere. Wir fühlen uns unheimlich stark zu diesem Menschen hingezogen und würden am liebsten jede freie Minute mit ihm zusammen sein. Doch solange noch unklar ist, wie der andere darüber denkt, sind diese Gefühle auch ziemlich verwirrend. Man fragt sich, wie man herausfinden kann, was der andere denkt; wie man Kontakt aufnehmen kann, ohne sich aufzudrängen oder zu blamieren. Ständig sucht man nach Hinweisen im Verhalten des anderen. Wirft sie mir besondere Blicke zu? Ist es Zufall, dass sie mehr als sonst mit mir redet? Warum läuft sie einfach weiter, statt mit mir zu sprechen?
Es fällt schwer, sich noch so richtig auf andere Themen zu konzentrieren, denn die Gedanken drängen ständig wieder zu *ihr*. Wie soll

man sich da mit Wahrscheinlichkeitsrechnung oder Englisch-Vokabeln beschäftigen?

Verliebtheitsgefühle sind total umwerfend – und gleichzeitig völlig normal. Wenn wir verliebt sind – wenn wir mit derjenigen Person zusammen sind oder auch nur an sie denken –, werden in unserem Gehirn Glückshormone ausgeschüttet. Deshalb drängt uns quasi unser Körper dazu, dieser Person ständig nahe zu sein oder sich gedanklich mit ihr zu befassen. Es ist fast wie eine Sucht!

In dieser verwirrenden Phase tut es oft gut, mit einem vertrauten Menschen zu reden. Man kann so seine Gefühle mit jemand anderem teilen und sie auf diese Weise ein wenig ordnen und reflektieren. Auch das Aufschreiben all dieser starken Gefühle, Wünsche und Gedanken ist hilfreich. Dabei kannst du über wichtige Fragen nachdenken wie:

 Was genau gefällt dir so an dem Mädchen, in das du verliebt bist? Sind es eher äußere Dinge oder aber Charakterzüge und Eigenschaften, die auf Dauer für eine Beziehung wichtig sind? Manchmal kann uns das Aussehen eines Menschen blenden. Aber äußere Merkmale wie Augen, Stimme oder Körperform sind nichts, womit eine Beziehung auf Dauer ein tragfähiges Fundament bekommt. Äußere Schönheit verblasst schnell, wenn keine innere Schönheit dahintersteckt.

 Kannst du dir vorstellen, mit diesem Mädchen dein Leben zu verbringen? Habt ihr genügend gemeinsame Werte und Lebensziele?

Wichtig ist, dass du dich von deiner Verliebtheit nicht zu vorschnellen Handlungen hinreißen lässt. Wenn wir jemanden toll finden, dann sehen wir ihn durch eine rosarote Brille und nehmen erst mal nur all seine positiven Eigenschaften wahr. Es braucht Zeit, um auch die Schwächen des anderen zu erkennen – und dann stellt sich meist heraus, ob das Schwächen sind, mit denen man leben kann, oder aber Schwächen, die ein Hindernis sind, um mit diesem Menschen wirklich glücklich werden zu können. Wenn man verliebt ist, übersieht man schnell, dass das Mädchen zwar süß und sexy und charmant ist, aber auch ziemlich egoistisch, arrogant, unehrlich – oder was auch immer.

All das sieht man in der „akuten" Verliebtheitsphase einfach nicht. Deshalb ist es gefährlich, zu schnell zu weit zu gehen. Damit riskierst du, wertvolle erste Erfahrungen mit einem Mädel zu machen, mit dem es eigentlich gar nicht richtig passt, und dich in eine Beziehung zu stürzen, die womöglich schmerzhaft wieder auseinandergeht. Außerdem sind Küsse und mehr oft nicht wirklich schön, wenn man sich noch nicht richtig vertraut ist. Es fällt dann schwerer, sich wirklich fallen zu lassen – und dann wird alles schnell verkrampft, seltsam und ganz und gar nicht romantisch!

Deshalb unser Tipp: So schwer es dir auch fallen mag: Geh es langsam an. Genieße erst einmal die Gefühle des Verliebtseins, ohne diese Wünsche direkt in die Tat umzusetzen. Nimm dir Zeit, diese besonderen Emotionen kennenzulernen, sie auszukosten und einfach eine Weile zu träumen, und die Zeit, die du mit dem Mädchen verbringst – in echt oder in deiner Fantasie –, zu genießen.

Versuche, das Mädchen deiner Träume gut kennenzulernen, bevor ihr die Entscheidung trefft, ob ihr ein Paar sein wollt. Versuche, viel Zeit mit ihr zu verbringen, und zwar nicht nur zu zweit, sondern auch gemeinsam mit anderen. So siehst du, wie sie mit anderen Menschen umgeht, und lernst ihre Eigenarten kennen. Lass das, was zwischen euch ist, reifen, und warte geduldig auf eine gute Gelegenheit, um zu klären, ob „mehr" daraus werden kann.

Und hier noch ein weiterer wichtiger Tipp: Rede mit Gott über deine Gefühle für dieses Mädchen. Frage ihn, ob er euch beide zusammen sieht. Bitte ihn, dir Geduld zu schenken, aber auch Weisheit, um zu erkennen, was gut für das Mädchen und für dich ist. Und bitte Gott auch um die nötige Konzentration für die Schule und all die Aufgaben, die du sonst noch hast. Versuche, beides nicht völlig aus den Augen zu verlieren. Pflege weiterhin deine Freundschaften, denn auch die süßeste Freundin kann deine Kumpels nicht ersetzen!

Und was die Schule angeht: Ja, es ist richtig schwierig zu lernen, wenn man verliebt ist! Aber natürlich ist es auch blöd, die Noten einfach den Bach heruntergehen zu lassen. Also probiere, dir für gewisse

Zeiten (im Unterricht, beim Lernen, bei den Hausaufgaben) ein Stopp-Schild vor deine Gedanken an das Mädel zu stellen, und konzentriere dich ganz auf das Thema beziehungsweise die Aufgabe. Es kann auch helfen, wenn du dir bestimmte Tageszeiten überlegst, zu denen du dich ganz deiner Verliebtheit hingeben kannst und in aller Ruhe an das Mädchen denken kannst – zum Beispiel, wenn du entspannt im Bett oder in der Badewanne liegst oder spazieren gehst.

Wie lernen wir uns richtig gut kennen?

Wenn man verliebt ist, hätte man seinen Traumpartner am liebsten die ganze Zeit für sich. Genießt diese Stunden der Zweisamkeit und nutzt sie, um ganz offen miteinander zu reden. Sprecht über eure Kindheit, eure Zukunftsträume, eure Ängste, darüber, was euch im Leben wichtig ist. Unterhaltet euch auch über eure Stärken und Schwächen, über Hobbys, Musik, Gott und die Welt ... Meistens entstehen diese Gespräche automatisch. Du spürst, dass ihr stundenlang beisammen sein und quatschen könntet. Wenn ihr euch allerdings zu früh körperlich sehr nahe kommt, kommen solche Gespräche schnell zu kurz. Deshalb: Lasst euch lieber noch Zeit mit Nacktheit, intimeren Küssen usw. und konzentriert euch erst einmal darauf, dass ihr euch gefühlsmäßig richtig nahe kommt. Das ist eine wichtige Basis, damit es dann auch körperlich für beide schön wird – und ihr euch wirklich fallen lassen könnt.

Wichtig ist auch, dass ihr nicht nur zu zweit Zeit verbringt. Wenn du dein Gegenüber wirklich kennenlernen willst, solltest du auch erfahren, wie deine Partnerin sich in Gruppen und anderen gegenüber verhält. Trefft euch deshalb auch mal gemeinsam mit Freunden, in deiner Jugendgruppe, mit euren Familien, nehmt an Projekten oder Aktionen teil, engagiert euch gemeinsam ehrenamtlich ... Seid aktiv – so stärkt ihr ganz nebenbei eure Beziehung!

In der Verliebtheitsphase sind wir oft blind für die Schwächen des anderen. Auch das ist ein Grund dafür, körperlich nicht zu früh zu intim zu werden. Lasst euch Zeit herauszufinden, ob es wirklich passt zwischen euch. Es dauert oft zwischen sechs und achtzehn Monaten, bis die rosarote Brille langsam schwächer wird und man den anderen und die Beziehung wirklich klar sehen und beurteilen kann. Zu diesem Prozess gehören auch erste Konflikte. Sie treten meist dann stärker auf, wenn die Schmetterlinge im Bauch langsam nachlassen und die Beziehung mehr „Normalität" bekommt.

Dass die starken Gefühle der Verliebtheit irgendwann nachlassen, ist übrigens völlig natürlich. Dann kann aus Verliebtheit echte Liebe entstehen. Verliebtheit beruht hauptsächlich auf *Gefühlen* – Liebe dagegen fühlt sich nicht mehr so extrem an wie Verliebtheit, sondern ist vor allem eine *Entscheidung*, für den anderen da zu sein – trotz seiner Schwächen und Fehler – und Seite an Seite mit ihm durchs Leben zu gehen.

Streit und Stress

Früher oder später entsteht der erste Streit. Das kann ein kleines Missverständnis sein oder ein größerer Vertrauensbruch – auf jeden Fall stellt ein Konflikt jedes Paar vor eine große Herausforderung. Jetzt gilt es, herauszufinden, ob eure Beziehung auch Krisen standhalten kann. Hier ein paar Tipps für gutes Streiten:

⤷ **Seid ehrlich zueinander** und redet offen über eure Gefühle.

⤷ **Versucht, einander keine Vorwürfe zu machen.** Redet lieber in Ich-Botschaften: Das heißt, dass ihr dem anderen nicht vorwerft, was er alles falsch macht, sondern ihm neutral sagt, was er getan hat – und was das in euch auslöst. Zum Beispiel:

Deine Freundin hat das Treffen mit dir verschoben, weil sie angeblich krank war. Du erfährst aber im Nachhinein, dass sie sich stattdessen in der Zeit mit anderen Leuten getroffen hat. Wenn du ihr dann an den Kopf wirfst: „Du bist total mies und gemein! Anscheinend bist du lieber mit den anderen als mit mir zusammen!", wäre das ein Vorwurf. Es wäre verständlich, wenn du so etwas sagst – allerdings wirkt das auf deine Freundin wie ein „Angriff". Sie wird sich vermutlich provoziert fühlen, sich verteidigen beziehungsweise dir ebenfalls Vorwürfe machen. Stattdessen könntest du sagen: „Du hast mir abgesagt und behauptet, du seist krank. Stattdessen hast du dich aber mit anderen getroffen. Das fühlt sich für mich richtig mies an – so, als wenn du lieber mit deinen Freundinnen was unternimmst als mit mir! Und es macht mich wütend, dass du nicht ehrlich zu mir warst." So lässt du deine Freundin wissen, wie du dich fühlst, ohne gleich aggressive „Streit-Stimmung" aufkommen zu lassen.

⤷ **Keine körperlichen Angriffe!** So wütend man auch sein kann – schubsen, schlagen, treten etc. sollte immer tabu sein. Lass dich nie zu so etwas hinreißen. Und wenn deine Freundin handgreiflich wird, verlasse die Situation sofort und rede mit einer vertrauten Person darüber.

- ⮂ **Frage, was in deiner Freundin vorgeht.** Wenn du offen über deine Gefühle gesprochen hast, solltest du auch deine Freundin fragen, was in ihr vorgeht, und ihr erst einmal zuhören. Im oben genannten Beispiel könntest du zum Beispiel fragen: „Ich verstehe einfach nicht, warum du das gemacht hast. Kannst du mir erklären, warum du mich angelogen hast?"

- ⮂ **Begrenzt den Streit zeitlich.** Wenn man zu lange streitet, fängt man häufig an, sich gegenseitig runterzumachen und sich gedanklich nur noch im Kreis zu drehen. Das wirklich Wichtige ist meist nach spätestens einer halben Stunde gesagt. Wenn ihr nach dieser Zeit noch immer zu keiner Lösung kommt, ist es vermutlich sinnvoll, erst einmal eine Pause einzulegen – und euch noch mal zusammenzusetzen, wenn ihr beide etwas Abstand habt.

- ⮂ **Seid bereit, einander zu vergeben:** Wir machen alle Fehler. In jeder Beziehung gibt es Krisen, und es passiert uns Menschen immer wieder, dass wir einander verletzen. Das ist normal. Auch dass nach guten Phasen immer mal wieder eine schwierige Zeit in einer Beziehung kommt, ist völlig normal. Aber wenn man eine schwierige Phase gemeinsam bewältigt hat und einander immer wieder vergibt und an der Beziehung arbeitet, dann wird die Liebe immer stärker.

- ⮂ Manchmal sind die Konflikte oder Krisen aber so schlimm, dass man allein nicht herausfindet, oder man sich fragt, ob man einander wirklich guttut. Wenn das der Fall ist, holt euch Hilfe: Sprecht mit Erwachsenen darüber. Wenn du nicht mit deinen Eltern oder anderen Erwachsenen reden magst, kannst du dich auch an eine (Online-)Beratungsstelle wenden. Infos dazu findest du im Anhang.

Gibt es für jeden eine „Mrs Right" – und wie finde ich meine Traumprinzessin?

Wir (Simon und Melanie) gehen davon aus, dass es für die meisten Menschen mindestens einen anderen Menschen gibt, mit dem sie gut zusammenpassen würden und gute Chancen auf eine glückliche Beziehung hätten. Warum „mindestens einen"? Na ja, weil es vermutlich auf dieser großen, weiten Welt nicht nur einen, sondern sogar mehrere Menschen gibt, die du lieben könntest und mit denen du ganz gut harmonieren würdest. Menschen, deren Ehepartner verstorben ist, finden ja auch oft nach einer gewissen Zeit einen anderen Partner und somit ein zweites Glück.

Gleichzeitig denken wir, dass es eben nicht mit jedem passt. Menschen mit bestimmten Charaktereigenschaften tun sich mit bestimmten Eigenschaften des Partners einfach schwer, und es ist wichtig, dass gewisse Werte und Lebensziele miteinander in Einklang gebracht werden können. Deshalb dauert es manchmal eine ganze Weile, bis man wirklich jemanden findet, mit dem man sich vorstellen kann, sein Leben zu verbringen.

Und ist es auch möglich, dass das nie passiert – dass man überhaupt keinen Partner findet? Der Apostel Paulus deutet in der Bibel an, dass es durchaus Vorteile hat, Single zu bleiben: Man kann sich vollkommen frei und ungebunden für das, was einem am Herzen liegt, einsetzen. Man kann ohne jede familiäre Einschränkung Gott und anderen Menschen dienen. Doch Paulus betont auch, dass diese Lebensform nur zu einigen Menschen passt. Es scheint also, als gäbe es Menschen, die dazu berufen sind, Single zu sein. Einige spüren das früh und empfinden diese Lebensform als richtig und passend, auch wenn vielleicht trotzdem manchmal die Sehnsucht nach einem Partner da ist. Andere suchen eine lange Zeit nach ihrer „Mrs Right" und kommen dann nach und nach zu dem Schluss, dass das Leben zu zweit möglicherweise gar nicht das ist, was zu ihnen passt. Das sind Entwicklungen, die sehr individuell sind. Es ist gut, wenn du generell für alles offen bist und Gott immer wieder bittest, dich einen Weg zu führen, der zu deinen Stärken und Aufgaben in dieser Welt passt.

Doch gehen wir erst einmal davon aus, dass auch für dich mindestens ein Mensch existiert, der super zu dir passt – was ziemlich wahrscheinlich ist. Nur: Wie findet man diesen?

Dafür ist es zunächst hilfreich, wenn du weißt, was du willst:

☞ Was ist dir im Leben und in einer Beziehung wichtig?

☞ Was möchtest du erreichen, welche Werte bedeuten dir viel?

☞ Wie möchtest du gern leben, wenn du erwachsen bist? Träumst du zum Beispiel von einer großen Familie?

☞ Ist es dir wichtig, dich beruflich stets weiterzuentwickeln, aber gleichzeitig genauso viel Zeit mit den Kindern zu verbringen wie deine Frau?

☞ Welche Einstellungen oder Charaktereigenschaften dürfte deine Partnerin auf keinen Fall haben?

Solche Fragen helfen, den Blick zu schärfen, um besser erkennen zu können, welches Mädchen zu dir passen könnte.

Natürlich braucht es dann auch Gelegenheiten, überhaupt Mädchen kennenzulernen. Deshalb: Werde aktiv und wage dich unter Leute! Ein Ehrenamt (zum Beispiel im Bereich Umwelt- oder Tierschutz, in der Gemeinde oder bei der örtlichen „Tafel") kann ein guter Weg sein, engagierte Mädels kennenzulernen. Wenn du gerne Sport treibst, sind Vereine eine Möglichkeit, sportvernarrte Girls zu treffen. In Theatergruppen oder Jugend-Bands sind meist kreative Menschen unterwegs, und auf christlichen Freizeiten oder Missionseinsätzen tummeln sich vermutlich Mädchen, denen es wichtig ist, sich mit ihrem Glauben auseinanderzusetzen. Aber natürlich ist es auch super, Veranstaltungen mit einem gemischten Publikum zu besuchen – Zeltlager, Jugendgruppen, Tanzschule, Konzerte usw.

Das klingt jetzt alles sehr strategisch, deshalb an dieser Stelle der Hinweis: Bleib locker! Auf keinen Fall solltest du deine Freizeit darauf ausrichten, wo du die meisten Chancen hast, deiner „Traumprinzessin" zu begegnen. Denn oft genug trifft man diese gerade da, wo man es am wenigsten erwartet hätte! Suche dir also deine Aktivitäten in erster Linie danach aus, was dich selbst interessiert, und genieße die Zeit dort – ohne ständig nach einer potenziellen Traumfrau Ausschau zu halten. Koste deine Jugendzeit aus, entwickle dich weiter, lerne dazu und investiere in Freundschaften, tue Gutes, gehe mit offenen Augen durch die Welt – und vertraue darauf, dass der richtige Zeitpunkt für die große Liebe kommen wird. Dann, wenn die Zeit reif ist.

Muss meine Partnerin Christ sein?

Viele Jungs, die an Gott glauben, stellen sich früher oder später die Frage, wie wichtig es ist, dass ihre Freundin ebenfalls an Gott glaubt. Wie bei so vielen grundlegenden Entscheidungen gibt es auch hier keine eindeutige Antwort. Sicher ist, dass es viele Vorteile hat, wenn ein Paar sich in so einem wichtigen Thema wie dem Glauben einig ist. Man kann zusammen beten, man versteht, warum dem anderen bestimmte Werte wie Ehrlichkeit, Nächstenliebe usw. wichtig sind – und man kann sich auch auf dem Weg mit Gott gemeinsam weiterentwickeln. Es wird aber meist ziemlich kompliziert, wenn dem einen der Glaube total wichtig ist und der andere das gar nicht versteht. Am Anfang scheint das oft kein Problem zu sein, weil die Verliebtheit alle Schwierigkeiten verdrängt. Aber je länger ein Paar zusammen ist, desto häufiger werden verschiedene Glaubensansichten zum Problem. Was ist, wenn beispielsweise der gläubige Junge den starken Eindruck hat, dass Gott ihn nach der Schule in die Mission beruft? Damit werden die meisten Mädchen, die nicht gläubig sind, kaum etwas anfangen können. Auch die Haltung zu Sexualität, Drogen und Alkohol kann sehr unterschiedlich sein, wenn der eine Christ ist und der andere nicht.

Es geht hier also nicht um die Frage „Ist es erlaubt oder nicht?", sondern darum, dass du dich ganz bewusst damit auseinandersetzt, wenn das Mädchen, das du liebst, deinen Glauben nicht teilt.

Wie das bei uns war – Melanie und Simon erzählen

Wir beide hatten anfangs total unterschiedliche Glaubensansichten: Melanie war überzeugte Christin – ich (Simon) konnte damit gar nichts anfangen. Melanie hat ziemlich viel überlegt, ob das klappen kann. Sie hat, bevor sie den Versuch mit mir wagte, viele Wochen lang immer wieder Gott gefragt, mit vertrauten Menschen gesprochen und mich in vielen Gesprächen erst einmal kennengelernt und sich mit mir ausführlich über den Glauben ausgetauscht. Auch ihre Werte wie ein verantwortungsbewusster Umgang mit Sexualität hat sie mir erklärt und mir erzählt, was der Glaube für ihr Leben bedeutet. Schließlich hatte sie, trotz der unterschiedlichen Ansichten, den Eindruck: „Der ist es!"

Nach einigen Jahren, in denen wir beide viel miteinander diskutiert und voneinander gelernt haben, habe ich mich dann tatsächlich auch zum christlichen Glauben bekannt. Vorher war es aber wirklich nicht immer einfach! Und wenn Melanie sich vorstellt, dass das nicht passiert wäre, dann wären die Kindererziehung, die Lebensgestaltung usw. schon deutlich herausfordernder für uns beide, als es jetzt ist. Übrigens zerbrechen nicht wenige Beziehungen daran, weil einfach das Verständnis füreinander fehlt ...

Nimm also diese Unterschiede zwischen euch nicht auf die leichte Schulter, und gönne dir und deiner Freundin Zeit, euch richtig gut kennenzulernen und euch ganz viel über eure Einstellungen, Werte und Weltansichten auszutauschen.

It's getting hot in here ... Küsse und mehr

Alex erzählt

Als ich mit 16 Jahren Rebecca kennenlernte, wusste ich: Das könnte meine große Liebe werden. Und so kam es dann auch. Ich hatte vorher schon mal eine kurze Beziehung mit einem Mädchen aus meiner Jugendgruppe, aber das ging nur ein paar Wochen – wir hielten Händchen, redeten und merkten recht schnell: Das passt irgendwie doch nicht.

Bei Rebecca war es anders – je mehr wir quatschten und miteinander abhingen, desto wohler fühlte ich mich mit ihr. Und ehrlich gesagt musste ich mich körperlich ganz schön beherrschen... Ich hatte in dieser Zeit viel öfter feuchte Träume als sonst, und es fiel mir richtig schwer, die Finger von ihr zu lassen. Aber mein großer Bruder hatte mir geraten: „Wenn du ein Mädel toll findest, dann halte dich körperlich erst einmal zurück. Lasst euch Zeit, euch richtig kennenzulernen. Wenn man sich dann nämlich irgendwann so richtig gut kennt und sich richtig vertraut, ist Küssen und alles andere viel, viel besser! Echt, das Warten lohnt sich!"

Mein Bruder hatte nämlich leider ein paar richtig blöde Erfahrungen gemacht: Er hat viel zu früh mit den Mädels geknutscht und mit zweien sogar geschlafen. Hinterher hat er dann gemerkt, dass das echt zu früh war. Es ging wieder auseinander und für beide Seiten war das echt schmerzhaft. Na ja, und ein Kumpel von ihm ist mit 16 Vater geworden... Auch nichts, das ich mir wünschen würde! Auch wenn man verhütet – ein Restrisiko bleibt ja immer.

Als ich Rebecca nach ein paar Monaten zum ersten Mal richtig küsste, war das echt der absolute Hammer! Am Anfang waren wir etwas unsicher, was die Technik angeht, aber das war nicht schlimm, weil wir keine Angst hatten, uns voreinander zu blamieren. Dazu kannten wir uns bereits viel zu gut. Und als wir dann erst einmal den Dreh raushatten, haben wir echt stundenlang geknutscht und konnten gar nicht genug voneinander bekommen.

Zum Glück hatten wir vorher besprochen, dass wir uns mit dem Sex noch Zeit lassen wollen. Vielleicht sogar bis zur Hochzeit. Wir waren damals beide 16 und wir hatten ganz ehrlich Gott gefragt – und den Eindruck bekommen: Ein Jahr sollten wir mindestens warten. Und dann würden wir noch mal neu überlegen.

Durch diese Entscheidung konnten wir auch das Küssen noch mehr genießen als bisher. Weil wir nicht darüber nachdenken mussten, wann es wie weitergeht. Es gibt so viele kleine Abenteuer auf dem Weg zum Sex, so vieles außerhalb des typischen „Rein-raus", das man erst einmal genießen sollte, statt gleich in die Vollen zu gehen. Klar, manchmal würde ich die guten Vorsätze am liebsten einfach vergessen... aber ich weiß, dass es sich lohnt, sich Zeit zu lassen.

Der Liebe Zeit lassen

Wenn du verliebt bist und endlich klar ist, dass das Mädchen deines Herzens diese Gefühle erwidert, dann wird früher oder später auch das Thema Sex wichtig werden. Am Anfang ist es schon ein großer Schritt, Händchen zu halten und sich einfach nur zu umarmen. Genieße diese Zeit, anstatt die Dinge zu überstürzen! Manchmal will auch einer schon weitergehen und der andere ist noch gar nicht so weit. Deshalb achte gut darauf, womit du dich selbst gerade wohlfühlst, und trau dich, den Mund aufzumachen, wenn dir etwas zu schnell geht. Sei aber auch sensibel gegenüber deiner Freundin und frage sie zum Beispiel, ob du sie küssen darfst – anstatt sie damit einfach zu überrumpeln.

Apropos Warten: Wann ist eigentlich der richtige Zeitpunkt für den ersten richtigen Kuss? Oder dafür, sich im Intimbereich zu berühren oder sogar miteinander zu schlafen?

Wie schon gesagt, ist es immer sinnvoll, all das langsam anzugehen. Im Zweifel ist es klüger, ein bisschen länger zu warten, als zu schnell vorzupreschen und sich dann total unwohl- oder überfordert zu fühlen. Die körperliche Beziehung braucht viel Zeit und Ruhe, um sich gut entwickeln zu können – und um wirklich schön und intensiv für beide Beteiligten zu sein. Manchmal spielen die Hormone total verrückt und man kann sich kaum zügeln, aber gerade dann ist es oft besser, sich und den Partner zu schützen, indem man erst einmal in Ruhe bespricht, ob beide sich für den nächsten Schritt bereit fühlen – und was dafür und was dagegen spricht.

Küssen und miteinander schlafen

Küssen ist etwas, das viele Verliebte nach einigen Wochen oder Monaten des näheren Kennenlernens ausprobieren. Am Anfang vielleicht ganz vorsichtig, später dann auch mit Zunge. Auch Küssen ist übrigens Übungssache! Die ersten Küsse fühlen sich manchmal noch nicht richtig gut an, weil man sich erst aufeinander einstellen muss. Also keine Panik, das ist völlig normal.

Früher oder später wird bei dir dann vielleicht die Frage aufkommen, ob du mit deiner Freundin im gleichen Zimmer übernachten sollst – oder lieber nicht. Je nachdem, wie alt du bist, haben hier natürlich auch deine Eltern Mitspracherecht. Auch wenn es nicht immer einfach ist: Versuche, die Ansichten deiner Eltern ernst zu nehmen. Sie haben schon mehr Erfahrung mit Partnerschaften als du, und es ist ihre Pflicht, in diesen Fragen Verantwortung zu übernehmen, solange du noch nicht volljährig bist.

Was du und deine Freundin euch klarmachen solltet, ist, dass das gemeinsame Schlafen in einem Bett schon eine ziemlich „heiße" Situation ist, die euch dazu bringen könnte, weiter zu gehen, als ihr eigentlich wollt. Deshalb ist es sinnvoll, nicht zu früh in einem Bett zu schlafen. Ihr solltet auf jeden Fall schon eine ganze Weile zusammen sein und euch wirklich gut kennen.

Lasst euch nicht einfach überraschen, sondern überlegt euch vorher gut, wie weit ihr gehen wollt, und setzt gemeinsam klare Grenzen. Ganz sicher ist, dass es ziemlich schwierig ist, in so einer Situation nicht doch weiter zu gehen! Seid ehrlich zu euch selbst: Wie nah könnt ihr euch kommen, ohne die Kontrolle zu verlieren? Wenn ihr merkt, dass euch das gemeinsame Übernachten in ziemliche Versuchung bringt, obwohl ihr eigentlich noch mit dem Sex warten wollt, dann macht es euch nicht unnötig schwer! Und wenn ihr euch selbst nicht sicher seid, was wann dran ist, dann redet mit Erwachsenen und bleibt im Austausch miteinander. Manchmal merkt man auch erst im Nachhinein, dass etwas einfach doch noch nicht dran ist – auch das ist nichts Außergewöhnliches. Redet offen darüber und seid bereit, auch mal einen Schritt zurückzugehen, wenn einer von euch oder ihr beide noch Zeit braucht.

Ist Sex vor der Ehe Sünde?

Gegenfrage: Was ist eigentlich Sünde? Was du darunter verstehst, ist nämlich wichtig, um die Frage zu beantworten. Aber schauen wir erst einmal, was meistens mit dieser Frage gemeint ist, nämlich: Ist Sex vor der Ehe aus christlicher Sicht falsch?

Christen schauen üblicherweise in die Bibel, um Antworten auf solche Fragen zu finden. Und wenn man mal ganz offen und ehrlich nachliest, was die Bibel zu diesem Thema sagt, muss man zugeben: Sex außerhalb der Ehe wird hier ziemlich negativ bewertet. So sagt Paulus in 1. Korinther 7,9: „Wenn sie aber nicht enthaltsam leben können, dann sollen sie heiraten. Das ist besser, als vor Begierde zu brennen" (NeÜ). Und im Alten Testament gilt die Regel: „Wenn jemand eine noch nicht verlobte junge Frau verführt und mit ihr schläft, muss er den Brautpreis bezahlen und sie heiraten" (2. Mose 22,15). Das zeigt: Aus biblischer Sicht hängt Sex ganz eng mit der Ehe zusammen. Er gehört in die Ehe, und sollte er doch vorher stattfinden, ergibt sich daraus die Pflicht, zu heiraten.

Klar ist aber auch, dass das Leben junger Menschen zu Zeiten der Bibel völlig anders war als heute. Im Grunde gab es keine Jugend – man war ein Kind, und sobald man geschlechtsreif wurde (manchmal sogar vorher), hat man recht bald geheiratet. Im Alter von 12 bis 16 Jahren zu heiraten war die Regel – da ist natürlich Sex vor der Ehe kein so großes Thema wie heute! Wenn die Autoren der Bibel also von Sex außerhalb der Ehe reden, denken sie vermutlich eher an verheiratete Menschen, die ihren Ehepartner betrügen, oder an Unverheiratete, die ihre Geschlechtspartner ständig wechseln. Auf jeden Fall kennen sie nicht die Situation von jungen Menschen, die über längere Zeit ein Paar sind, ohne verheiratet zu sein. Teenager, die eine verbindliche Partnerschaft führen, aber noch nicht heiraten, weil das kulturell einfach noch nicht üblich ist – das gab es damals nicht.

Und da kommen wir zur wesentlichen, richtig schwierigen Frage:

Welche Aussagen der Bibel gelten heute noch wortwörtlich genauso wie damals? Denn es gibt ja auch andere Inhalte der Bibel, bei denen wir sagen: „Das gilt heute so nicht mehr." So schreibt Paulus beispielsweise, dass Frauen zum Beten ihr Haar verhüllen müssen und dass Männer keine langen Haare haben dürfen (1. Korinther 11,2–14). Und auch Paulus' Ansicht, dass Frauen sich ihren Männern unterordnen sollen, verstehen viele Christen heute eher als Haltung der damaligen Zeit, die heute so nicht mehr gilt (1. Petrus 3,5–6).

Hat Gott also etwas dagegen, wenn junge Menschen, die sich gut kennen und fest planen, später zu heiraten, miteinander schlafen? Allein der Blick in die Bibel gibt uns darauf keine klare Antwort.

Wir müssen daher etwas weiter denken und überlegen, wie der Sinn der Bibelworte in unsere Leben heute übertragen werden kann.

Was ist überhaupt Sünde – und wie merke ich, was Gott will?

Sünde bedeutet nicht in erster Linie „Fehltritt" oder „moralischer Fehler". Viel wichtiger ist die eigentliche Bedeutung des Wortes: „Trennung von Gott". Eine Sünde ist also ein Zustand, in dem wir von Gott getrennt sind. Oder anders gesagt: Sündigen heißt, etwas zu tun, das dazu führt, dass ich mich innerlich von Gott trenne.

Ein paar Beispiele: Wenn du vorhast, jemanden zu bestehlen, dann kannst du das nicht zusammen mit Gott tun. Denn dein Gewissen und die Bibel sagen dir, dass Gott Diebstahl nicht okay findet. Oder: Wenn du über jemanden lästerst, dann bist du in dem Moment nicht mit Gott verbunden – denn Gott möchte nicht, dass wir andere schlechtmachen.

Wenn du also überlegst, ob Sex für dich zum jetzigen Zeitpunkt richtig wäre, dann überlege doch mal: Kannst du diesen Schritt mit deinem Glauben an Gott vereinbaren? Kannst du guten Gewissens Sex haben, wenn du daran denkst, dass Gott das sieht und Bescheid weiß? Oder hast du das Gefühl, dich lieber vor Gott verstecken zu wollen, weil du innerlich spürst, dass es noch zu früh ist?

Klar, wir sind in Sachen „Sex vor der Ehe" auch geprägt von dem, was andere uns sagen, sodass unser Bauchgefühl allein nicht reicht. Deshalb empfehlen wir dir: Rede mit Gott ganz offen über diese Frage. Sage ihm, was für dich dafür spricht, Sex zu haben, aber auch, was dagegen spricht. Manchmal hilft es auch, das aufzuschreiben. Und bitte Gott, dir zu helfen, eine gute Entscheidung zu treffen. Lass dir Zeit für diesen Prozess – und gib Gott Zeit, dir zu antworten. Solange du dir nicht sicher bist, vereinbare erst einmal mit deiner Freundin, keinen Sex zu haben, und überlegt ehrlich und auch im Gebet, wo Sex für euch beginnt.

Interessant zu wissen: Die wenigsten Menschen sagen, dass sie es bereuen, mit dem Sex zu lange gewartet zu haben. Im Gegensatz dazu gibt es aber viele, die bereuen, zu früh angefangen und damit eine eigentlich so wertvolle Erfahrung „vergeudet" zu haben. Du kannst das mit einer Frucht vergleichen, die noch unreif ist. Wer ungeduldig ist, beißt hinein – und ärgert sich dann womöglich, weil die Frucht noch hart und bitter schmeckt. Wer hingegen geduldig abwartet, bis die Frucht wirklich reif ist, wird mit einem süßen, leckeren Geschmackserlebnis belohnt.

Wenn du eine Weile diese Frage im Gebet besprochen hast, dann frage dich noch mal: Kannst du diesen Schritt gemeinsam mit Gott gehen? Oder hast du den Eindruck, Gott würde dir eher davon abraten, und du müsstest ihn ignorieren, um Sex zu haben? Wichtig ist, dass du dir auch noch andere Fragen stellst. Dazu mehr im nächsten Abschnitt:

Wann ist der richtige Zeitpunkt für Sex?

Vielleicht kommt es dir manchmal so vor, als hätten fast alle in deinem Alter schon ihr erstes Mal erlebt. Aber keine Sorge – häufig ist da nur viel heiße Luft um nichts! Denn Umfragen zeigen, dass mit 14 oder 15 Jahren tatsächlich nur sehr wenige Jugendliche schon Sex hatten. Und auch mit 17 Jahren hatten etwa ein Viertel aller Jugendlichen noch keinen Sex. Interessant ist auch, dass nur 68 Prozent der Jungen und 58 Prozent der Mädels den Zeitpunkt des ersten Mals rückblickend als richtig finden.

Mit jemandem zu schlafen ist ein großer, bedeutsamer Schritt. Die Bibel spricht davon, dass Mann und Frau „ein Fleisch" werden – sie werden dadurch also eng miteinander verbunden. Das lässt sich auch biologisch erklären, denn beim Geschlechtsverkehr wird das Hormon Oxytocin ausgeschüttet, welches Mann und Frau gefühlsmäßig eng aneinanderbindet. Diese Bindung wieder zu trennen, bedeutet viel Schmerz und Verletzung!

Das erste Mal ist einfach etwas sehr Besonderes. Deshalb gehört Sex in einen geschützten, sicheren Rahmen. Der sicherste Rahmen ist natürlich die Ehe, denn sie bedeutet ein öffentliches Versprechen beider Partner, einander ein Leben lang zu lieben. Auch das wird nicht selten gebrochen – und doch bedeutet ein solches Versprechen eine gewisse Verbindlichkeit. Deshalb entscheiden sich viele Christen, mit dem Sex bis zur Ehe zu warten. In der Bibel gibt es dazu zwar kein „Gebot", aber einige Verse kann man so verstehen, dass die Autoren selbstverständlich davon ausgehen, dass Sex in die Ehe gehört. Gleichzeitig waren die Zeiten damals natürlich ganz anders als heutzutage, wie bereits auf S. 51 erklärt.

Dennoch bleibt es so, dass das Eheversprechen eine besondere Verbindlichkeit und Sicherheit bedeutet. „Kein Sex vor der Ehe" kann daher eine hilfreiche Orientierungshilfe sein. Denn es gibt durchaus viele Argumente, Sexualität nur in einem verbindlichen Rahmen auszuüben:

→ **Keine Verhütungsmethode ist zu hundert Prozent sicher.** Nur der komplette Verzicht auf Sex bietet hundertprozentigen Schutz vor einer Schwangerschaft. Kondome haben einen Pearl Index von 2–6, das heißt, zwei bis sechs von hundert Frauen, die mit Kondom verhüten, werden innerhalb eines Jahres dennoch schwanger. Hormonelle Verhütungsmittel wie die Pille sind sicherer, sie hat einen Pearl Index von 0,1. Das bedeutet, dass von 8 Millionen Frauen in Deutschland immerhin 8000 trotz korrekter Einnahme der Pille schwanger werden! Hinzu kommt, dass die Pille nicht richtig wirkt, wenn man innerhalb der ersten drei bis vier Stunden nach der Einnahme erbricht oder Durchfall hat oder gleichzeitig andere Medikamente wie zum Beispiel Antibiotika einnimmt. Also: Wer Sex hat, muss dem Risiko, ein Baby zu zeugen, ins Auge sehen. Deshalb sollte man immer überlegen: Kämen wir damit zurecht?

→ **Erinnerungen an frühere Sexpartner** können die Beziehung zum Partner belasten – so kann sich eine Frau fragen, ob der Sex ihres Mannes mit seiner Ex-Freundin besser war oder andersherum. Oder man denkt selbst unabsichtlich an sexuelle Erlebnisse mit verflossenen Liebhabern zurück und vergleicht diese mit der aktuellen Beziehung – obwohl man das eigentlich gar nicht will.

→ **Gerade anfangs fühlt sich Sex oft noch nicht so schön an** und ist manchmal auch peinlich oder unangenehm. Deshalb ist ein geschützter Rahmen ganz wichtig, damit man sich wirklich fallen lassen kann und einander hundertprozentig vertraut.

→ **Sex bewirkt eine besondere Bindung.** Eine Trennung ist oft besonders schmerzhaft, wenn man bereits miteinander geschlafen hat. Die Bibel spricht davon, dass Menschen „ein Fleisch" werden, wenn sie miteinander schlafen. Einige verstehen diese Aussage sogar so, dass für Gott durch Sex bereits so etwas wie eine Ehe entsteht.

↪ **Eine Studie aus den USA hat ergeben,** dass Paare, die mit dem Sex bis zur Ehe warten, etwas besser kommunizieren, glücklicher mit ihrer Beziehung sind und auch ihr Sexleben mehr genießen.[2]

Letztlich muss und sollte jedes Paar diese Entscheidung, was genau wann passieren soll, selbst treffen – nach sorgfältiger Überlegung und im ehrlichen Gespräch mit Gott. Wichtig ist, alles reiflich zu überlegen, nicht aus dem Hormonrausch heraus zu handeln und mit Gott und möglichst auch anderen Menschen darüber zu sprechen.
Wie bei allen Themen gilt: Urteilt nicht! Es gibt Christen, die in einer dauerhaften, verbindlichen Partnerschaft schon vor dem eigentlichen Eheversprechen miteinander schlafen und das gut mit ihrem Glauben vereinbaren können, weil sie ehrlich mit Gott darüber gesprochen und ernsthaft die Bibel gelesen und überlegt haben, ob dieser Schritt dran ist. Dann gibt es Christen, die den eigentlichen Sex für die Ehe aufsparen, aber andere sexuelle Erfahrungen schon vorher machen. Und wieder andere, die alles – sogar das Küssen – für die Ehe aufheben.
Natürlich spielt auch immer das Alter der Partner und ihre Entwicklung eine Rolle. Bedenke, dass sich deine Persönlichkeit und die deiner Partnerin voraussichtlich noch stark ändern werden, wenn ihr derzeit noch deutlich unter 18 seid – und es sehr wahrscheinlich ist, dass eine Freundin, die man mit 14 oder 15 Jahren hat, nicht die Partnerin fürs Leben wird.

Checkliste: Fragen vor dem ersten Mal

Wenn du ernsthaft überlegst, mit deiner Freundin zu schlafen, dann können dir folgende Fragen helfen, eine gute Entscheidung zu treffen:

⮕ Habe ich mir Zeit gelassen, um darüber nachzudenken, was für und was gegen Sex spricht?

⮕ Habe ich mit Gott darüber gesprochen und ihn ehrlich gefragt, was er darüber denkt?

⮕ Wie weit sind wir beide in unserer Persönlichkeitsentwicklung? (Je weiter ihr von der Volljährigkeit entfernt seid, desto mehr werdet ihr euch voraussichtlich noch verändern. Viele Paare bereuen später, zu früh mit dem Sex angefangen zu haben.)

⮕ Habe ich das Beste für meine Freundin und meine Verantwortung für sie im Blick – und nicht nur meinen Spaß? Ist mir klar, dass ich sie verletzen könnte, wenn ich mit ihr schlafe – und wir uns dann doch trennen?

⮕ Haben wir uns über Geschlechtskrankheiten informiert?

⮕ Kenne ich meine Freundin richtig gut? Ist sie für mich jemand, dem ich wirklich voll und ganz vertraue?

⮕ Haben wir über wichtige Werte, Lebensziele und Einstellungen gesprochen?

⮕ Vertraue ich ihr so sehr, dass es auch okay wäre, wenn das erste Mal peinlich wird oder gar nicht klappt?

⮕ Sind wir noch mitten im Hormonrausch (der dauert meist etwa sechs bis zwölf Monate)? Kann ich schon klar benennen, welche Schwächen meine Freundin hat, was mich an ihr nervt?

- ↪ Hatten wir schon mal echten Streit und konnten wir den offen klären?

- ↪ Ist die Verhütung geklärt?

- ↪ Weiß ich, wie sicher unsere Verhütungsmethode ist und wann sie nicht funktioniert (z. B. dürfen Kondome nicht mit ölhaltigem Gleitmittel genutzt werden; die Pille kann ihre Wirkung verlieren, wenn man drei bis vier Stunden nach Einnahme Durchfall oder Erbrechen hat, oder auch, wenn man zeitgleich Antibiotika nimmt)?

- ↪ Sind wir uns beide bewusst, dass kein Verhütungsmittel hundertprozentig sicher ist? Können wir mit dem Risiko, ein Kind zu zeugen, umgehen?

- ↪ Bin ich mir sicher, dass ich zu meiner Freundin halten und die Verantwortung tragen würde, wenn sie schwanger würde? Trotz dummer Sprüche meiner Kumpels oder anderer Menschen?

- ↪ Haben wir die feste Absicht, zusammenzubleiben und zu heiraten? Kann ich mir wirklich vorstellen, mit diesem Menschen mein Leben zu verbringen?

- ↪ Sind wir uns beide sicher, dass wir miteinander schlafen wollen?

- ↪ Was spricht dagegen, diesen Schritt zu gehen?

Wo beginnt eigentlich Sex?

Klar, wenn das Genital in die Scheide geführt wird, ist es Sex. Aber wirklich erst dann? Es gibt ja auch viele andere Varianten sexueller Begegnung ... zum Beispiel Oralverkehr – dabei berühren Mann und Frau sich mit dem Mund im Intimbereich. Oder Petting – das bedeutet, dass ein Paar sich gegenseitig an den Geschlechtsteilen streichelt, oft auch bis zum Orgasmus. Zählt das auch zum Sex? Darüber lässt sich streiten, aber letztlich ist alles, womit man einander bewusst sexuell erregt, eine sexuelle Handlung. Wenn du also zu der Überzeugung kommst, dass Sex in die Ehe gehört, dann bezieht das vermutlich auch Petting oder Oralverkehr mit ein. Doch falls ihr überlegt, etwas davon auszuprobieren, dann geht damit genauso verantwortungsbewusst und vorsichtig um wie mit Geschlechtsverkehr, und stellt euch ebenfalls die Fragen, die im vorherigen Absatz aufgeführt sind. Verhütung ist beim Petting und Oralverkehr übrigens ebenfalls ein Thema! Denn wenn der Junge aus Versehen die Scheide des Mädchens mit Sperma berührt (weil er beispielsweise nach dem Orgasmus etwas davon an seiner Hand hat oder, auch wenn er keinen Orgasmus hatte, kleine Tropfen ausgetreten sind), ist eine Schwangerschaft möglich!

Als Jugendlicher Papa werden?

Alex erzählt

Moin,

heute habe ich erfahren, dass ein Kumpel, der erst 17 ist, Vater wird. Alter, sah der fertig aus! Und das kann ich auch total nachvollziehen. Wenn ich mir das vorstelle… das muss echt ein enormer Schock sein.

Ich meine, man ist ja selbst noch ganz am Anfang und muss erst mal klarkommen auf dieser Welt und mit dem Erwachsenwerden. Mit den Themen Verantwortung, Entwicklung, Identität und so. Man muss rausfinden, wer man ist, was einem wichtig ist… Und dann soll man plötzlich für so ein kleines, hilfloses Wesen, das total auf einen angewiesen ist, die Verantwortung tragen? Hammerschwierig!

Ich habe lange mit ihm geredet und vorgeschlagen, mit ihm zur Jugendberatungsstelle zu gehen. Da war ich auch selber schon mal, als es mir eine Zeit lang richtig mies ging. Die können ihn sicher gut begleiten und unterstützen. Erst wollte er nicht, aber dann konnte ich ihn überzeugen und übermorgen gehen wir dahin.

Ich hoffe echt, dass er zusammen mit seiner Freundin einen guten Weg findet!

Eine Schwangerschaft im Jugendalter ist eine enorme Herausforderung – man trägt auf einmal eine riesige Verantwortung, obwohl man selbst noch nicht erwachsen ist. Da ist Überforderung quasi vorprogrammiert!

Umso wichtiger ist es, sich gut über Verhütung zu informieren und nie ungeschützt Sex zu haben. Wie du auf den vorherigen Seiten bereits gelesen hast: Beim ersten Mal kann man genauso schwanger werden wie beim Petting, und auch dann, wenn der Junge sein Genital kurz vor dem Orgasmus herauszieht – denn es können schon vorher Spermatropfen in die Scheide gelangen. Bei Kondomen sollte man immer darauf achten, dass sie noch nicht abgelaufen sind, und dass man nur Gleitgel benutzt, welches für Kondome geeignet ist. Auch die Größe muss stimmen – dazu misst der Junge die Breite seines erigierten Genitals an der dicksten Stelle mit einem Maßband und gibt die Werte in einen Kondomgrößen-Rechner im Internet ein.

Kondome sind auch dann wichtig, wenn die Pille genutzt wird, weil nur sie vor Geschlechtskrankheiten schützen können.

Doch auch das sicherste Verhütungsmittel bietet keinen hundertprozentigen Schutz vor einer Schwangerschaft. Es kann immer etwas schiefgehen – deshalb sollte man sich den Schritt, mit jemandem Sex zu haben, sehr gut überlegen. (Ein paar Fragen, die du dir dazu stellen kannst, findest du auf Seite 67 f.)

Und wenn trotz allem der Fall der Fälle eintritt und deine Freundin schwanger ist? Dann bleib mit deinen Ängsten nicht allein. Wende dich an eine Schwangerschaftsberatungsstelle oder an das Hilfetelefon „Schwangere in Not", das kostenlos und anonym und rund um die Uhr erreichbar ist. Infos und Kontakte findest du im Anhang auf Seite 157.

Wenn deine Freundin über eine Abtreibung nachdenkt, dann sollte sie diese Entscheidung nicht voreilig treffen. Informiert euch über die gesundheitlichen Risiken und auch über die psychischen Auswirkungen eines Schwangerschaftsabbruchs. Viele Frauen haben nach einer Abtreibung noch lange Zeit Probleme, mit dieser einmal getroffenen Entscheidung zurechtzukommen, und leiden sehr darunter.

Die meisten Christen und auch Menschen anderer Religionszugehörigkeit lehnen Abtreibung ab, weil auf diese Weise Leben bewusst getötet wird. Sie sagen: Das Leben beginnt nicht erst, wenn das Herz des Kindes anfängst zu schlagen (das passiert bereits in der 5. Schwangerschaftswoche!) oder nach der Geburt. Leben beginnt dann, wenn Eizelle und Samenzelle miteinander verschmelzen. Eine Abtreibung widerspricht also im Grunde dem Gebot, dass wir nicht töten sollen.

Sicherlich gibt es Situationen, in denen man eine Abtreibung nachvollziehen kann – zum Beispiel, wenn durch eine Erkrankung die Mutter wahrscheinlich sterben würde, wenn sie nicht abtreibt. Auch nach einer Vergewaltigung können wohl die meisten Menschen verstehen, wenn das betroffene Mädchen über eine Abtreibung nachdenkt. Doch auch wenn die Gründe nachvollziehbar sind: Man muss hinterher damit zurechtkommen, einem Menschen das Leben genommen zu haben. Deshalb sollte so ein Schritt nie leichtfertig erfolgen.

Erfragt bei der Beratungsstelle, welche Unterstützung euch zustehen würde. Da gibt es glücklicherweise einiges: Kindergeld, Kinderzuschlag, Zahlungen für die Babyausstattung vom Amt, Programme, in denen junge Mütter Schulabschlüsse und Ausbildungen in Teilzeit absolvieren können, Mutter-Kind-Häuser, in denen die Mütter im Umgang mit dem Baby angeleitet und oft auch die Väter mit einbezogen werden...

Auch eine Adoption oder eine Pflegefamilie kann eine Lösung sein. Das bedeutet jedoch nicht, dass man sich für immer von dem Kind trennt. Es gibt sogenannte „offene Adoptionen", bei denen regelmäßig Kontakt zwischen Eltern und Kind stattfindet, und Pflegeverhältnisse, in denen man das Kind ebenfalls oft sieht oder wo sogar die Option besteht, das Kind in ein paar Jahren wieder zu sich zu nehmen.

Viele Informationen und Tipps zu diesem schwierigen Thema bietet das Internetangebot ⊗⊗ www.schwanger-unter-20.de.

Selbstliebe: Den eigenen Körper entdecken

Alex erzählt

Tja, Jungs, jetzt mal ehrlich: Es gibt wohl ab einem gewissen Alter kaum einen Jungen, der sich nicht schon mal selbst befriedigt hat, oder? Meine Kumpels und ich sprechen nicht viel darüber, aber es ist schon ziemlich klar, dass das einfach normal ist.

Früher oder später bekommt man einfach einen Sexualtrieb, und es fühlt sich gut an, auf diese Weise den Druck wieder abzubauen. Und warum sollte es auch schlimm sein, seinen eigenen Körper zu entdecken und sich was Gutes zu tun? Vor allem, wenn ich total erregt war, weil ich stundenlang mit Rebecca geknutscht hatte, hat mir das echt geholfen, wieder klarzukommen.

Pornos sind da allerdings was anderes. Ich habe aus Neugier mal mit einem Freund welche angeschaut... aber ich muss sagen, danach habe ich mich total schmutzig und mies gefühlt. Ich meine, das sind echte Frauen, die das alles vor laufender Kamera machen müssen – und seien wir mal ehrlich: Die wenigsten werden das auf Dauer wirklich genießen. Das ist echt kein respektvoller Umgang mit Frauen und ganz sicher nichts, was Gott cool findet. Ich habe mitbekommen, dass einige meiner Kumpels inzwischen richtig süchtig nach Pornos sind. Nee, auch wenn sie einen schon irgendwie heißmachen können, finde ich, muss man echt vorsichtig damit sein. Ein etwas älterer Freund von mir hat auch mal zugegeben, dass er den Sex mit seiner Frau gar nicht so richtig genießen kann, weil er durch die Pornos quasi abgestumpft ist und sein Kopf ein völlig falsches Bild von Sex abgespeichert hat. Deshalb habe ich mir vorgenommen, von Pornos die Finger zu lassen.

Nicht ganz ohne sind auch die Vorstellungen, die man sich ja meist bei der Selbstbefriedigung macht. Ich hatte eine Zeit lang das Problem, dass ich meine Jugendgruppenleiterin Julia ziemlich heiß fand… Sie war natürlich zu alt für mich und außerdem schon verheiratet! Aber ich erwischte mich immer wieder dabei, wie ich an sie dachte und sie mir bei der Selbstbefriedigung vorstellte. Irgendwann wurde das immer häufiger, und ich fühle mich richtig mies deswegen, weil ich ja wusste, dass sie verheiratet ist. Hanno hatte dann mal wieder einen guten Trick parat: „Stell dir einfach vor, wie sie sich auszieht und dann plötzlich total hässlich aussieht. Oder stinkt oder sich übergibt oder so… irgendwas, was dich abtörnt. Und dann stelle dir stattdessen eine andere sexy Frau vor. Sie kann ihr ja ähnlich sehen, aber sie ist eben nicht Julia, sondern eine Frau deiner Fantasie.“

Das hat nicht sofort geklappt, aber nach ein bisschen Übung schon! Und seitdem konnte ich wieder viel entspannter mit Julia (und ihrem Mann Niklas, der eigentlich voll nett ist!) umgehen.

Selbstbefriedigung ist unter Christen oft ein „heißes Eisen". Einige Christen sind der Meinung, Selbstbefriedigung sei nicht in Gottes Sinne, weil Sexualität auf Zweisamkeit ausgelegt ist. Die Bibel allerdings äußert sich überhaupt nicht zu diesem Thema. Sie sagt nicht, dass Sex mit sich selbst etwas Schlechtes ist. Seinen eigenen Körper in einem natürlichen, guten Maß zu entdecken, ist etwas Normales und Natürliches. Andererseits kann es passieren, dass Selbstbefriedigung eine zu große Bedeutung bekommt und zu einer Sucht wird – manchmal auch in Verbindung mit Pornos. Und eine Sucht hält dich gefangen, weil du dann Dinge zwanghaft tun musst.

Jesus sagte einmal: „Wer eine Frau ansieht, sie zu begehren, der hat schon mit ihr die Ehe gebrochen in seinem Herzen" (Matthäus 5,28). Ein solcher Blick auf Frauen ist genau der, den Pornos auf Frauen werfen: Du siehst Frauen in Nahaufnahme in total intimen Posen – und zwar Frauen, mit denen du keine verbindliche Beziehung führst; Frauen also, die du gar nicht kennst! Das passt nicht zum christlichen Verständnis von Treue und Respekt. Frauen werden in Pornos als Lustobjekte missbraucht und deinem Kopf wird ein völlig unrealistisches Bild von Sex vermittelt.

Pornos haben eine hohe Suchtgefahr und können dazu führen, dass du zwanghafte, belastende Fantasien bekommst. Wenn du Pornos schaust, dann sei ehrlich zu dir selbst in der Frage, ob dir das wirklich guttut.

Lass Pornos nicht Teil deines Lebens werden, weil sie ziemlich viel Schaden in deiner Sexualität und deinem Leben generell anrichten. Studien zeigen, dass der regelmäßige Konsum von Pornos Spuren im Gehirn hinterlässt. Ein Teil des Gehirns „schrumpft", was dazu führt, dass Porno-Nutzer weniger motiviert sind, oft schlechtere Entscheidungen treffen, sich selbst weniger gut im Griff haben und emotional „abstumpfen", sodass sie weniger Freude empfinden können.

Porno-Sucht kann dazu führen, dass man echten Sex gar nicht mehr genießen kann, weil man total übersättigt und überreizt von dem unrealistischen Porno-Sex ist. Bei Jungen und Männern kann das sogar zu Erektionsproblemen führen, sodass sie ohne eine entsprechende Behandlung gar keinen richtigen Sex mehr haben können.

Beantworte doch mal die nebenstehenden Fragen, um einzuschätzen, ob du gefährdet bist, süchtig nach Pornos zu sein oder zu werden.

→ Denkst du sehr häufig im Alltag an Pornos?

→ Würde es dir schwerfallen, zwei Wochen lang keine Pornos zu konsumieren?

→ Siehst du deutlich häufiger Pornos als am Anfang?

→ Hast du das Gefühl, deinen Porno-Konsum nicht mehr richtig im Griff zu haben?

→ Fühlst du dich schlecht/hast du ein schlechtes Gewissen, nachdem du Pornos angesehen hast?

→ Würde es dir sehr schwerfallen, gar keine Pornos mehr zu schauen?

→ Brauchst du immer härtere Pornos, um erregt zu werden?

→ Brauchst du Pornos, um dich selbst zu befriedigen?

→ Leiden deine sozialen Kontakte oder deine Aufgaben unter deinem Porno-Konsum?

→ Fällt es dir, seit du Pornos schaust, schwerer, Frauen respektvoll wahrzunehmen und sie nicht auf ihre sexuellen Reize zu reduzieren?

Zähle nach, wie viele Fragen du mit „Ja" beantwortet hast.
Wenn du mehr als zwei Fragen bejaht hast, ist die Gefahr, dass du süchtig oder gerade auf dem Weg dahin bist, ziemlich hoch.
Wichtig: Dieser Test ist nur eine grobe Orientierung. Es kann auch sein,

dass du nur eine Frage mit Ja beantwortet hast und Pornos trotzdem ein Problem für dich darstellen. Entscheidend ist die Frage, welche Rolle Pornos in deinem Leben spielen, wie groß dein Verlangen danach ist (könntest du aufhören?) und wie sich dein Konsum von Pornos auf dein gesamtes Leben auswirkt. Wenn du zum Beispiel immer wieder zwischendurch abgelenkt bist, weil deine Gedanken zu pornografischen Inhalten wandern, und du kaum noch aufhören kannst, wenn du erst einmal dabei bist, dann hast du die Sache nicht mehr wirklich im Griff. Dann fängt es an, gefährlich zu werden.

Warte nicht, bis die Pornosucht dein Leben und deine Sexualität kaputt macht. Trau dich, dir Hilfe zu holen – Pornosucht ist keine Seltenheit und du musst dich dafür nicht schämen.

Wenn du ein ungesundes Verhältnis zu Pornos entwickelt hast, findest du Hilfe auf www.porno-ausweg.de oder bei einer Suchtberatungsstelle in deiner Nähe. Allgemeine Tipps für den Weg aus Süchten findest du in diesem Buch auf Seite 145–147.

Süchtig nach Selbstbefriedigung?

In einer Beziehung, in der es noch keinen Sex gibt, ist es recht wahrscheinlich, dass einer oder beide sich weiter selbst befriedigen. Du musst kein schlechtes Gewissen haben, wenn du dich selbst berührst. Das ist völlig normal, solange es in einem gesunden Maß passiert. Und sogar hilfreich für späteren guten Sex, weil dann beide Partner bereits wissen, was sich gut anfühlt. Wenn Selbstbefriedigung aber eine extrem große Rolle in deinem Leben spielt, dann frage dich ehrlich:

 Fühlt sich die Selbstbefriedigung wie ein Zwang an? Ist es etwas, das du nicht sein lassen kannst?

 Sind deine Gedanken ständig darauf gerichtet, wann oder wie du dich selbst befriedigen kannst?

 Brauchst du immer mehr oder immer intensiveren Solo-Sex?

Leiden Bereiche deines Lebens (z. B. Schule, Job, Familie, Freundschaften …) darunter, dass du diesem Thema so viel Zeit oder Aufmerksamkeit schenkst?

Wenn du bereits eine der Fragen mit Ja beantwortet hast, deutet das darauf hin, dass Selbstbefriedigung für dich schon zu einer Sucht geworden sein könnte. Sucht nach Sex oder Solo-Sex kann genauso entstehen wie andere Süchte auch: Am Anfang entdeckt man, dass durch das Suchtmittel Genuss oder Entspannung erreicht wird, und weil man das so toll findet, macht man es wieder. Und wieder. Und wenn man kein gesundes Maß findet und nichts anderes macht, wobei man entspannen und genießen kann, dann wird das Suchtmittel immer wichtiger – man wird also abhängig.

Pornos und (Solo-)Sex-Sucht – ist das Sünde?

Aus christlicher Sicht wird das Suchtmittel – egal ob Pornos, Selbstbefriedigung, Drogen, Alkohol, Serien, Essen, Geld oder Erfolg – zu einem Götzen. Wir schaffen uns damit also einen künstlichen „Gott". Die Liebe, Aufmerksamkeit und Hingabe geben wir nun dem Suchtmittel und nicht mehr dem wahren Gott. Wir machen uns von etwas abhängig, was nicht Gott ist, und versuchen, unsere innere Sehnsucht mit etwas anderem zu füllen – und vertrauen Jesus nicht mehr, dass er derjenige ist, der uns echte Erfüllung schenkt und unsere Sehnsucht stillt.
Auf diese Weise trennen wir uns – oft ohne es zu merken – von Gott. Genau das bedeutet „Sünde": ein Zustand, in dem wir von Gott getrennt sind.
Sucht ist also definitiv etwas, das Gott nicht gut finden kann. Denn Sucht führt uns weg von Gott und weg von einem Leben in Freiheit und Freude.

Wie schon erwähnt, äußert sich die Bibel nicht konkret zum Thema Selbstbefriedigung. Solange alles in einem gesunden Rahmen bleibt, spricht aus unserer Sicht nichts gegen Solo-Sex.

Pornos sind da schon ein anderes Thema. Auch wenn sie nur gelegentlich konsumiert werden – hinter den Filmchen steckt eine riesige Industrie, in der Frauen und Männer auf ihre Sexualität reduziert werden. Auch Ausbeutung von Menschen kommt in dieser Branche nicht selten vor. Hinzu kommt: Wenn man Pornos nutzt, unterstützt man diese Industrie dabei, Menschen süchtig zu machen – auch wenn man selbst den Konsum (noch) im Griff hat.

Wenn du merkst, dass Sex, Selbstbefriedigung oder Pornos (oder auch andere Dinge wie Essen, Rauchen, Alkohol, Serien, Zocken o.ä.) eine zu große Rolle in deinem Leben spielen, dann lies dir doch mal die Tipps zum Umgang mit Sucht auf Seite 145 f. durch.

Homosexualität

Alex erzählt

Hey du,

puh, dieses Thema ist nicht einfach! Vor allem, weil es mich selbst mal ziemlich krass beschäftigt hat. Ich bin jetzt mal ganz ehrlich: Als ich fast 15 war, habe ich mich eine Weile lang gefragt, ob ich vielleicht schwul bin. Irgendwie fand ich Männer viel interessanter und anziehender als Frauen und hatte manchmal Träume, in denen ich intime Abenteuer mit anderen Jungen erlebte ... Du kannst dir gar nicht vorstellen, wie sehr mich das durcheinandergebracht hat!

Ich habe mich auch gefragt, was Schwulsein für meine Beziehung zu Gott bedeuten würde. In meiner Kirchengemeinde sind die meisten Leute der Meinung, dass Gott Mann und Frau füreinander geschaffen hat, und dass es nicht Gottes Plan entspricht, wenn ein Mann mit einem anderen Mann schläft oder eine Frau mit einer anderen Frau. Viele gehen sogar davon aus, dass homosexuelle Neigungen verschwinden, wenn man genug betet und sich Hilfe holt. Ich wusste also, dass die meisten ziemlich schockiert sein würden, wenn ich mich als schwul outen würde. Und dass die meisten es nicht akzeptieren würden, wenn ich mit einem anderen Mann zusammen wäre. Die Gemeindeleitung würde einen Menschen zwar deshalb nicht aus der Gemeinde ausschließen, aber dass man so richtig aktiv mitarbeitet und Verantwortung trägt, das ist dann nicht drin. Und es wäre halt klar, dass die meisten deinen Lebensstil ablehnen.

Das hat mir echt extrem viel Druck gemacht, und ich habe mich lange nicht getraut, offen darüber zu reden. Deshalb habe ich mich an die Telefonseelsorge gewandt – mit denen kann man auch online schreiben. Ich habe denen erzählt, wie verwirrt meine Gefühle sind und auch, wie meine Eltern und die Leute aus der Gemeinde über dieses Thema denken. Es tat gut, sich da einfach mal bei einer neutralen Person auskotzen zu können! Ich habe viel gebetet in dieser Zeit, in der Bibel gelesen und Gott gefragt, wie er das Ganze sieht. Nach einiger Zeit sind diese Gefühle dann immer blasser geworden, und ich habe gemerkt, dass ich doch mehr auf Mädels stehe. Aber diese Zeit war Vollstress pur, und deswegen habe ich größten Respekt vor jedem, der den Mut hat, sich zu outen!

Ganz ehrlich, in der Bibel steht, dass wir nicht über andere urteilen sollen. Ich finde es schlimm, wenn Menschen meinen, sie wüssten ganz genau, was richtig und was falsch ist. Aber ich wollte schon gern wissen, ob in der Bibel was zu diesem Thema steht...

Ist es okay, wenn Christen homosexuell fühlen und leben?

Ein schwieriges Thema, ja! Aber im Grunde ist es ähnlich wie bei der Frage nach „Sex vor der Ehe". Man sollte sich fragen, wie sich die Aussagen, die aus einer ganz anderen Zeit und Kultur stammen, in die heutige Zeit übertragen lassen.

Die Bibel geht davon aus, dass Mann und Frau zusammengehören, nicht Mann und Mann oder Frau und Frau. Homosexualität wird als Zeichen einer gefallenen Menschheit dargestellt, und somit nicht als einen Zustand, der Gottes Plan für seine Kinder entspricht. Gleichzeitig war Homosexualität zu Zeiten der Bibel anders als heutzutage. Dadurch, dass die Menschen damals sehr früh geheiratet haben, ging es, wenn von Homosexualität die Rede war, vermutlich oft um verheiratete Männer, die sexuelle Abenteuer suchten und dazu Affären mit anderen Männern hatten. Oder um die sogenannten „Lustknaben" – Jungen, die älteren Männern als sexuelle Spielpartner dienen mussten. Dass Gott es nicht richtig findet, wenn jemand seinen Ehepartner betrügt oder Menschen als Sex-Sklaven ausgebeutet werden, dürfte klar sein. Das passt nicht zum biblischen Verständnis von Ehe, Nächstenliebe und der menschlichen Würde.

Dass aber zwei Frauen oder zwei Männer in einer dauerhaften, treuen Beziehung zueinander leben, das war damals eher unbekannt. Über feste homosexuelle Partnerschaften äußert sich die Bibel gar nicht. Somit ist es schwierig einzuschätzen, wie Gott diese Beziehungen sieht. Grundsätzlich sagt die Bibel nicht besonders viel zum Thema Homosexualität. Und Jesus spricht es überhaupt nicht an.

Manche Leute weisen darauf hin, dass Homosexualität nun mal nicht „natürlich" sei – „sonst wäre die Menschheit doch längst ausgestorben". Doch das Argument hinkt, denn auch im Tierreich kommt Homosexualität manchmal vor. Außerdem ist der Anteil der Menschen, die homosexuelle Gefühle haben, recht klein – etwa fünf Prozent –, sodass man sich um das Aussterben der Menschheit keine Sorgen machen muss.

> *„Es ist Gottes Aufgabe, zu urteilen.*
> *Es ist meine Aufgabe, zu lieben."*
> *– Billy Graham, Evangelist (1918–2018),*
> *auf die Frage, ob Homosexualität Sünde ist*

Wenn ich jemandem sage: „Gott liebt dich und du bist willkommen!", aber gleichzeitig erwarte, dass er früher oder später seine sexuelle Neigung verändern oder verdrängen muss, dann habe ich ihn nicht wirklich angenommen. Dann liebe ich ihn nicht bedingungslos.
Wir (Simon und Melanie) wollen damit nicht sagen, dass es völlig egal ist, wie und wen wir lieben. Auf die Frage, wie Gott über Homosexualität denkt, haben auch wir keine letztgültige Antwort. Doch unser Eindruck ist: Wenn wir einander wirklich lieben wollen, dann müssen wir uns gegenseitig ganz annehmen. Und dann müssen wir Gott das Urteil überlassen. Wenn wir glauben, dass Gott gut und mächtig ist – sollten wir ihm dann nicht auch zutrauen, es einem Menschen klarzumachen, wenn er auf dem falschen Weg ist? Wir sind überzeugt: Wenn ein Mensch wirklich nach Gott sucht, dann wird er ihn finden. Und wenn Gott etwas in seinem Leben sieht, das nicht gut ist, dann wird Gott ihm das zeigen. Und: Bevor dieser Mensch nicht selbst danach fragt, wäre er ohnehin nicht dazu bereit – und dann würde es auch nichts bringen, wenn andere Menschen meinen, ihm seine angeblichen Fehler deutlich machen zu müssen.
Was also kann eine Antwort auf die Frage sein, was Gott von Homosexualität hält?
Da gibt es nicht die *eine* richtige Antwort. Aber eine *mögliche* könnte lauten:
„Ich bin ein Mensch und überlasse Gott das Urteil über ‚Richtig' und

‚Falsch'." Die Bibel geht davon aus, dass Homosexualität nicht zu Gottes Plan für die Menschen passt. Aber damals kannte man keine verbindlichen, treuen homosexuellen Paare. Deshalb können wir nicht sicher wissen, ob die Aussagen der Bibel einfach auf heute übertragen werden können. Entscheidend ist, dass Gott jeden Menschen liebt und dass Christen jeden willkommen heißen sollten – egal, ob er hetero- oder homosexuell ist. Gott ist stark genug, um jedem Menschen, der nach ihm sucht, zu zeigen, was er an seinem Leben ändern sollte. Jesus wäre sicher nicht dafür, Menschen auszuschließen, nur weil sie anders als die Mehrheit sind. Im Gegenteil, er war immer für die da, die von der Gesellschaft ausgegrenzt wurden. Deshalb: Wenn Leute Homosexuelle lächerlich machen, mach nicht mit. Jeder darf seine Meinung haben, aber jeder Mensch verdient Respekt und Freiheit in seinem Lebensstil. Und Christen sollten sich nicht anmaßen, beurteilen zu können, wer ein „anständiger Christ" ist und wer nicht.

Gut zu wissen

Sexuelle Neigungen und Gefühle können sich immer mal wieder verändern. Gerade in der Pubertät erleben viele Jugendliche eine Phase, in der sie homo- oder bisexuelle Gefühle haben. Das kann total verwirrend sein, ist aber ganz natürlich, weil deine Sexualität sich noch entwickelt. Deshalb mach dich nicht verrückt, wenn du andere Jungen oder Männer sexy findest. Das kann ein vorübergehender Schritt in deiner Entwicklung sein. Bleibe gelassen, bete. Und wenn du magst, sprich mit jemandem von der ❯❯ Telefonseelsorge oder der ❯❯ „Nummer gegen Kummer" – so wie Alex das getan hat. Wenn du möchtest, kannst du dabei auch anonym bleiben. Telefonnummern findest du auf S. 156.

Ungewollte Berührungen –
wenn Sex mit Gewalt verbunden ist

Vergewaltigung, sexuelle Belästigung – das sind schreckliche Erlebnisse, die man niemandem wünscht. Und doch passiert es manchmal – nicht nur Mädchen, sondern auch Jungen! Dann ist es wichtig, sich eines klarzumachen: Du bist nicht schuld daran! Selbst wenn du naiv warst oder geflirtet hast: Niemand hat das Recht, dich gegen deinen Willen anzufassen! No way!

Sexuelle Belästigung fängt schon damit an, wenn sich jemand dir gegenüber anzüglich äußert (zum Beispiel etwas über deine Geschlechtsteile oder deinen Po sagt), dir eindeutige Blicke zuwirft, oder auch, wenn dich jemand zwingen will, dir sexuelle Inhalte anzusehen, zum Beispiel in Videos oder auf Fotos. Wenn du in eine solche Situation gerätst, solltest du laut und deutlich sagen: „Ich will das nicht! Lass mich in Ruhe!" Und wenn das nicht reicht, rufe laut um Hilfe – am besten machst du es konkret, indem du beispielsweise sagst: „Der Typ belästigt mich!", und dann möglichst wegrennst.

Solltest du sexuelle Gewalt erlebt haben, dann rede mit jemandem, dem du vertraust, über das, was passiert ist. Wenn du das noch nicht kannst oder die Person dir nicht weiterhelfen kann, wende dich an das ⟨⟩ „Hilfetelefon Sexueller Missbrauch" – es ist kostenlos und anonym und kann dir weiterhelfen. Rund um die Uhr erreichbar und ebenfalls kostenlos ist das Angebot der ⟨⟩ Telefonseelsorge. Kontakte und Telefonnummern findest du im Anhang dieses Buches.

Je nachdem, was genau passiert ist, macht es Sinn, nicht nur per E-Mail oder telefonisch Beratung in Anspruch zu nehmen, sondern sich auch vor Ort Unterstützung zu holen. Adressen bekommst du beim oben genannten „Hilfetelefon Sexueller Missbrauch". In Beratungsstellen stehen dir bei allen Fragen, die sich aus dem Vorfall ergeben, erfahrene Menschen zur Seite. Sie geben dir erste Hilfe für die Verarbeitung des Erlebten. Bei einem massiven Übergriff wie einer Vergewaltigung ist oft eine Therapie wichtig, um den Schock und das Trauma zu überwinden. In Beratungsstellen können dir meist Empfehlungen zu geeigneten Therapeuten gegeben werden.

Leider erfolgen viele sexuelle Übergriffe durch Verwandte oder Bekannte. Das macht es natürlich besonders schwierig, weil du vielleicht Angst hast, dass man dir nicht glaubt oder dass die Familie dadurch zerbricht. Das Wichtigste ist aber immer, dich zu schützen! Auch um andere zu schützen, an denen sich der Täter möglicherweise noch vergehen könnte, solltest du auf keinen Fall schweigen. Lass dich bei den oben genannten Stellen auch in diesen Situationen beraten. Die Profis kennen solche Konflikte und können dir ganz viel Hilfestellung geben. Auch Fragen wie „Ist eine Anzeige sinnvoll?", „Mit wem sollte ich zuerst reden?" oder „Ich habe Angst, dass man mir nicht glaubt!" kannst du dort mit kompetenten Menschen besprechen.

Paul:
Hey Alex, hast du kurz Zeit? ✔

Alex:
Klar, was ist los? ✔

Paul:
Ach, keine Ahnung …
mir geht's dreckig. ✔

Alex:
Tut mir leid, Mann. Warum denn? ✔

Paul:
Ich habe dir doch von Kati erzählt, die ich
so süß finde … Ich hab mich neulich endlich
getraut, sie anzusprechen und zu fragen,
ob sie Lust hätte, meine Tanzpartnerin im
Tanzkurs zu werden. Und sie hat mich voll
abblitzen lassen … ✔

Alex:
Ach, Mist. So was ist beschissen. ✔

Paul:
Ja, voll. Und sie hat mir auch ziemlich deutlich gemacht, dass sie generell kein Interesse an mir hat. Sie meinte: „Sorry, du bist echt nett und cool drauf, aber du bist einfach nicht mein Typ." Ich hätte im Boden versinken können, so peinlich war das … ✓✓

Alex:
Das glaub ich dir! Auf solche Situationen kann man echt verzichten. Aber mach dich nicht verrückt, das ist mir auch schon passiert. ✓✓

Paul:
Ja, aber das Problem ist, dass ich mich jetzt total mies fühle … weil ich Kati immer noch voll mag und ständig an sie denken muss. Und es fühlt sich so krass schlecht an, dass sie nicht das Gleiche für mich empfindet. ✓✓

Alex:
Tut mir so leid! So was ist total hart. Aber glaub mir, die Gefühle lassen irgendwann nach. Jetzt fühlt es sich an, als könntest du nie wieder happy sein, aber ganz ehrlich: Es wird wieder besser! Und ich bin mir sicher, dass da noch jemand auf dich wartet, der viel besser zu dir passt! ✓✓

Unglücklich verliebt zu sein ist eine Erfahrung, die viele Menschen zumindest einmal in ihrem Leben machen. Wenn man sich zu einem Menschen hingezogen fühlt, ist es ganz schwierig, zu unterscheiden, ob seine vermeintlichen „Signale" nur Einbildung oder echt sind. Denn natürlich wünscht man sich, dass die Gefühle auf Gegenseitigkeit beruhen! Wie wir schon gesagt haben, ist es gut, die Dinge nicht zu überstürzen, die Schmetterlinge im Bauch erst einmal zu genießen und das Mädel weiter kennenzulernen, zunächst in einer Freundschaft. Das hilft auch oft, besser einzuschätzen, ob sie sich ebenfalls zu dir hingezogen fühlt.

Doch irgendwann ist dann meist der Zeitpunkt gekommen, mal ein Gespräch zu führen oder in einer unbeobachteten Situation die Hand deines Schwarms zu nehmen – das ist dann der Moment der Wahrheit! Bestenfalls stellt sich dann heraus, dass das, was du dir so lange erhofft hast, wirklich wahr ist – dieses süße Mädchen steht tatsächlich auf dich! Und dann kann eure Lovestory so richtig losgehen.

Doch es kann eben auch anders kommen – das Mädchen gibt dir zu verstehen, dass sie dich nur als Kumpel wahrnimmt und sich nicht mehr vorstellen kann. Bäm! Dann zerplatzen ganz plötzlich alle Seifenblasen und du fällst aus dem siebten Himmel total unsanft auf den harten Boden der Realität. Manchmal ist gar kein offenes Gespräch nötig, sondern du erkennst „heimlich", dass aus deinem Traum nichts wird – vielleicht, weil das Mädel mit einem anderen zusammenkommt oder dich mies behandelt.

Doch egal, wie du herausfindest, dass du mit dem Mädchen, das dir so gefällt, nicht zusammen sein kannst – es fühlt sich auf jeden Fall unbeschreiblich mies an! Gib dir Zeit zu trauern. Ja, wir meinen wirklich „trauern", denn ein Traum ist für dich gestorben, und das verdient Trauer. Es tut gut, einfach mal alle Tränen rauszulassen und dich eine Weile zurückzuziehen. Auch all die Enttäuschung und Traurigkeit aufzuschreiben, kann guttun. Traue dich, dich jemandem anzuvertrauen – deinen Eltern, einer Freundin, deinem Jugendgruppenleiter oder, wenn das alles noch nicht geht, anonym, zum Beispiel der ❯❯ Telefonseelsorge oder jemandem von der ❯❯ „Nummer gegen Kummer" (siehe Seite 157 im Anhang). Im ersten Schock braucht man oft erst einmal Ruhe, aber dann ist es ganz wichtig, mit der Trauer nicht allein zu bleiben.

Ein paar Tipps gegen Liebeskummer

☞ **Wenn wir verliebt sind, nehmen wie nur die positiven Seiten des anderen wahr.** Doch kein Mensch ist perfekt, und du hättest bei diesem Mädchen mit der Zeit sicher noch so einiges herausgefunden, das dich genervt hätte! Um den inneren Abschied zu erleichtern und die rosarote Brille loszuwerden, hilft es, sich mal bewusst die negativen Merkmale des Mädchens vor Augen zu führen. Das können charakterliche Schwächen sein (z. B. Arroganz, Egoismus, Unehrlichkeit, schlechte Witze, …) oder auch äußerliche Makel, die zeigen, dass auch dein Schwarm nicht perfekt ist.

☞ **In eine ähnliche Richtung geht folgende „Übung":** In der Verliebtheitsphase stellen wir uns meist nur die bestmögliche Version vor, wie eine Beziehung mit unserem Traumpartner verlaufen könnte. Doch eigentlich wissen wir ja noch gar nicht, ob dann in der Realität wirklich alles so schön sein wird, dann also, wenn die ersten heftigen Gefühle nachlassen und die ersten Konflikte auftauchen. Um sich zu „entlieben", hilft es, sich ganz plastisch vorzustellen, dass eure Beziehung gar nicht so toll verlaufen wäre wie gedacht. Lass deiner Fantasie freien Lauf: Welche Probleme hätten auftreten können, welche Streitthemen? Vielleicht fallen dir jetzt, wenn du das Mädchen mal kritisch betrachtest, Konfliktthemen auf, beispielsweise unterschiedliche

Werte, schlechte Charaktereigenschaften oder die oben beschriebenen Schwächen deines Schwarms. Male dir aus, wie du herausfindest, dass das Mädchen doch nicht so toll ist, wie du gedacht hast, sodass es möglicherweise auch sein Gutes hat, dass die Beziehung nicht zustande gekommen ist.

Liebeskummer nach einer Trennung

Liebeskummer kann natürlich auch dann vorkommen, wenn du schon mit dem Mädchen zusammen warst und ihr euch dann wieder trennt. Vielleicht hat sie mit dir Schluss gemacht und du weißt gar nicht richtig, warum. Oder du hast selbst gemerkt, dass es einfach doch nicht passt zwischen euch, und hast schweren Herzens die Beziehung beendet.

Liebeskummer ist eine schlimme Erfahrung, besonders, wenn du noch starke Gefühle für das Mädchen hast. Du hast bereits Erfahrungen mit ihr, die euch zusammenschweißen – und nun wird diese Verbindung auseinandergerissen! Das tut beinahe körperlich weh und es ist total verständlich, wenn du erst mal am Boden zerstört bist.

Auch hier gilt: Erlaube dir, zu trauern. Weine so lange, bis alle Tränen aus dir herausgespült sind, schreibe deine Gedanken auf und lasse die Traurigkeit erst einmal zu.

Wichtig ist aber auch, dich jemandem anzuvertrauen, um dir die belastenden Gefühle ein wenig von der Seele reden zu können. Halte dir vor Augen, dass es nicht immer so schlimm und finster bleiben wird, wie es sich jetzt anfühlt. Liebeskummer ist ein Prozess, ähnlich wie Trauer, und besteht aus verschiedenen Phasen. Dazu gehören der erste Schock, in dem man die Trennung noch gar nicht richtig wahrhaben kann, tiefe Traurigkeit, manchmal auch Wut, und mit der Zeit kommt dann wieder das Gefühl von Normalität zurück. Es ist auch nicht ungewöhnlich, dass man kleine „Rückfälle" hat – man fühlt sich schon etwas besser, aber dann kommt die Traurigkeit noch mal mit voller Wucht zurück. Doch in der Regel gehen diese Gefühle dann auch schnell wieder und nach und nach findest du wieder festen Boden unter den Füßen.

Mach dir bewusst, dass aus Dingen, die zunächst total schmerzhaft und belastend sind, oft Gutes entsteht. Auch wenn das Mädchen ein toller Mensch ist, wärt ihr womöglich doch nicht wirklich glücklich miteinander geworden. Es ist ziemlich wahrscheinlich, dass es eine andere gibt, die viel besser zu dir passt und auf die es sich zu warten lohnt!

Hier ein fiktiver Brief von deiner zukünftigen Partnerin, der deine Hoffnung stärken will, dass da draußen noch jemand auf dich wartet, der noch besser zu dir passt:

Mein Lieber,

ich weiß, dass du gerade sehr traurig bist. Du hattest tiefe, echte Gefühle für einen anderen Menschen, und es fühlte sich so an, als könnte dieser Mensch deine „Mrs Right" sein. Sie schien so gut zu dir zu passen und verkörperte so vieles, wonach du dich sehnst.

Und jetzt sind all deine Hoffnungen begraben, weil klar ist, dass dieser Traum keine Wirklichkeit werden kann. Ich weiß, wie verletzend diese Erfahrung ist!

Was du noch nicht weißt, ist, dass ich auf dich warte. Wir haben uns noch nicht kennengelernt, weil die Zeit noch nicht reif ist.

Aber ich bin da, und ich kann es kaum erwarten, eines Tages deine Bekanntschaft zu machen!

Und deshalb sind da zwei Gefühle in mir, wenn ich an dich denke: Mitleid, weil es mir wehtut zu wissen, dass du enttäuscht worden bist und dich zurückgestoßen fühlst. Aber auch Erleichterung, dass aus dieser Verliebtheit nicht mehr geworden ist, weil ich weiß, dass wir beide füreinander bestimmt sind.

Erlaube dir zu weinen. Die Trauer braucht seine Zeit. Aber bedenke auch, dass Dinge, die uns erst schlimm erscheinen, sich im Nachhinein oft als gut herausstellen. Verliebtheit ist ein starkes Gefühl, aber sie sagt oft wenig darüber aus, ob du mit der Person wirklich glücklich werden kannst. Oft muss sich eine Tür schließen, damit sich später eine viel bessere öffnen kann.

Und bitte denke nicht, dass mit dir etwas nicht stimmt, dass du nicht attraktiv genug oder cool genug bist. Du bist so wunderbar - äußerlich und charakterlich! Ich kann es kaum erwarten, dir das persönlich zu sagen.

Geh mit offenen Augen durchs Leben, dann werden wir uns früher oder später begegnen. Aber versuche nicht, etwas zu erzwingen. Nutze die Zeit, die bleibt, bevor wir uns treffen. Genieße es noch eine Weile, frei und ungebunden zu sein. Verbringe viel Zeit mit Freunden und setze deine Stärken ein, um anderen zu helfen. Finde heraus, wo du dazu beitragen kannst, diese Welt zu einem besseren Ort zu machen, und für welche Ziele dein Herz brennt. Arbeite an deinem Charakter und an deinem Umgang mit anderen - das werde auch ich tun, weil wir dann eine gute Grundlage für unsere Beziehung haben. Nimm dir Zeit für deine Hobbys oder probiere Neues aus!

Und dann, wenn die Zeit gekommen ist, werden wir uns über den Weg laufen. Wie gesagt, ich kann es kaum erwarten!

Deine „Mrs Right"

Wenn man jemanden, der einem wichtig ist, verliert, scheint es unmöglich zu glauben, dass der Schmerz darüber für irgendetwas gut sein könnte. Doch wenn man später, mit etwas Abstand, auf diese Zeiten zurückschaut, erkennt man oft: So weh es damals auch tat – es hatte doch etwas Gutes. Zum Beispiel, dass man sonst einen anderen Menschen gar nicht kennengelernt hätte, der doch viel besser zu einem passt. Oder weil es auf Dauer doch nicht gepasst hätte. Diese Gedanken werden in gewisser Weise auch in der folgenden kleinen Geschichte deutlich:

Ist es Glück oder Unglück?
In einem chinesischen Dorf lebte ein Bauer, der ein prächtiges Pferd besaß. Alle beneideten ihn um dieses Pferd. Wenn sie ihn trafen, sagten sie zu ihm: „Was hast du für ein Glück mit diesem Pferd!" Doch der Bauer antwortete gelassen: „Ob es Glück ist? Wer weiß es?"
Eines Tages lief ihm das Pferd davon. Nun kamen die Menschen im Dorf und sprachen ihr Mitleid aus: „Was hast du für ein Pech!" Doch der Bauer antwortete gelassen: „Pech oder Glück? Gut oder schlecht? Wer weiß es?"
Einige Tage später war das Pferd plötzlich wieder da. Mit ihm im Gefolge kamen drei Wildpferde. Die Dorfbewohner rieben sich die Augen und waren sehr verwundert: „Was hast du für

ein Glück!" Wieder antwortete der Bauer: „Pech oder Glück? Gut oder schlecht? Wer weiß es?"

Der Bauer hatte einen Sohn. Und dieser versuchte am nächsten Tag eines der Wildpferde zu reiten. Doch dieses warf ihn ab und dabei brach sich der Sohn ein Bein. Die mitfühlenden Dorfbewohner spendeten abermals ihr Mitleid: „Was hast du für ein Pech. Jetzt kann dir dein Sohn nicht bei den Feldarbeiten helfen und du musst ganz alleine alles schaffen." Doch der Bauer erwiderte nur: „Pech oder Glück? Gut oder schlecht? Wer weiß es?"

Am nächsten Morgen kamen die Soldaten des Kaisers ins Dorf. Sie rekrutierten junge gesunde Männer für die Armee, die für den Kaiser in den Krieg ziehen sollte. Als sie den Sohn des Bauern mit seinem gebrochenen Bein sahen, ließen sie ihn im Dorf zurück. Die anderen jungen Männer des Dorfes mussten mit den Soldaten in den Krieg ziehen und kamen nie wieder zurück.[3]

Die Geschichte zeigt: Wir denken oft, es wäre ganz klar, was gut und was schlecht ist. Und wenn etwas nicht so läuft, wie wir gehofft hatten, spüren wir oft nur den Verlust und die Enttäuschung. Es hilft aber, sich dabei auch klarzumachen: Manchmal ist etwas, das zuerst wie ein Verlust aussieht, später doch ein Gewinn. Wer hätte schon damit gerechnet, dass der Beinbruch des jungen Mannes für etwas gut sein könnte? Oder dass der scheinbare Verlust des Pferdes sich letztlich als Glück herausstellt? Denke an diese Geschichte, wenn du leidest. Wenn du an Gott glaubst, dann hast du seine Zusage, dass er in allem bei dir ist und aus Schlechtem Gutes machen kann.

> *Am Ende wird alles gut. Wenn es nicht gut wird, ist es noch nicht das Ende.*
> *– Oscar Wilde*

Mobbing
Alex schreibt ... Paul schreibt ...

⋮

Paul:
Hi Alex!

Alex:
Hi, alles okay?

Paul:
Ja, schon, aber ich wollte dich mal was fragen. Hast du schon mal was mit Mobbing zu tun gehabt?

Alex:
Könnte man so sagen.
Weshalb fragst du?

Paul:
Bei uns in der Klasse ist so ein Typ, Jens. Der trägt total seltsame, altmodische Klamotten und hat immer fettige Haare. Die anderen machen ihn oft fertig, und ich weiß irgendwie nicht, wie ich mich da verhalten soll.

Alex:
Alter, das ist nicht korrekt. Mach da bloß nicht mit bei dem Mist!

Paul:
Will ich auch eigentlich nicht … Ich hab nur Angst, wenn ich was dagegen sage, dass die anderen mich dann auch mobben oder so.

Alex:
Klar, verstehe ich … Aber Mobbing ist echt nicht in Ordnung. Ich wurde selbst mal gemobbt. Da war ich 13 und hatte ziemlich wenig Selbstbewusstsein. Ich war quasi das perfekte Opfer. Und da haben ein paar Jungen angefangen, sich über mich lustig zu machen, und irgendwann war die ganze Klasse gegen mich. Ich hab mich fast jeden Morgen übergeben, weil ich solche Angst hatte, zur Schule zu gehen. Ich hab nur noch geheult und konnte kaum was essen, sodass ich sogar in eine Klinik musste! Ehrlich gesagt habe ich damals sogar an Selbstmord gedacht.

Paul:
Oh Mann! Das wusste ich gar nicht… Das ist ja echt heftig! Tut mir leid, dass du das durchmachen musstest. ✔

Alex:
Ja, so was vergisst man nie. Mobbing ist echt übel… mach da auf keinen Fall mit! Du würdest dich daran beteiligen, sein Leben zu zerstören. Stell dir vor, er tut sich etwas an oder läuft weg und ihm passiert was – und ihr seid schuld daran! ✔

Paul:
Das stimmt, das wäre echt schrecklich… ich muss irgendwie den Mut bekommen, die anderen davon abzubringen. ✔

Alex:
Vielleicht überlegst du mal, ob es noch einen anderen Jungen in deiner Klasse gibt, der eigentlich ganz nett ist. Und dann könntest du versuchen, mal nur mit ihm darüber zu sprechen, damit ihr dann zusammen die anderen überzeugen könnt. ✔

Paul:
Mhm, keine schlechte Idee … vielleicht Marek. Ich habe echt Schiss, dass die mich dann auslachen und ich auch gemobbt werde! Aber trotzdem will ich mich für Jens einsetzen, weil ich mir das selbst auch wünschen würde, wenn ich an seiner Stelle wäre. ✔✔

Alex:
Genau, das ist die richtige Einstellung. Weißt du was? Ich bete jetzt direkt für dich, dass Gott dir Mut schenkt und dir hilft, Jens zu unterstützen! ✔✔

Paul:
Danke! ✔✔

Wie geht es dir mit anderen in deinem Alter? Hast du Freunde und kommst du in deiner Schule gut zurecht, oder leidest du darunter, Außenseiter zu sein?

Von anderen gemobbt zu werden ist unheimlich belastend. Wenn du so etwas erlebst, möchten wir dir sagen, dass die Leute, die dich fertigmachen, keinerlei Recht dazu haben. Und dass du genauso wertvoll bist wie jeder andere Mensch auch. Lass dir nicht einreden, dass du seltsam, hässlich oder aus anderen Gründen nicht liebenswürdig bist! Denn mal ehrlich: Kennen dich die Leute, die dir so etwas sagen, überhaupt? Nein, denn dann würden sie so etwas niemals behaupten. Diese Menschen sind arme Würstchen, die selber Probleme haben und versuchen, selbstbewusster zu wirken, indem sie jemand anderen runtermachen. Oder sie finden das eigentlich selbst nicht okay, sind aber zu feige, nicht mitzumachen. Sie haben so große Angst, nicht dazuzugehören, dass sie lieber mit dem Strom schwimmen.

Mach dir bewusst, dass die Leute, die dich mobben, selbst Angst haben. Oder dass ihnen etwas Wichtiges in ihrem Leben fehlt, was sie durch ihr aggressives Auftreten und die Anerkennung anderer irgendwie ausgleichen wollen. Vielleicht werden sie selbst in ihrer Familie abgelehnt und geben diese Erfahrung jetzt weiter, weil sie meinen, sich dadurch endlich stark zu fühlen. Das ist natürlich total bescheuert, und es ist einfach mies, dass du darunter leiden musst. Denke immer daran, dass diese Leute nicht wirklich *dich* meinen. Sie haben ein Opfer gesucht – und aus irgendeinem Grund bist du es geworden. Vielleicht, weil sie auf eine deiner Fähigkeiten neidisch sind. Oder auf deine guten Noten, deine tolle Familie, deinen Körper. Vielleicht sind sie auch neidisch, weil du anders bist als die meisten – und diese Leute nicht die Stärke haben, damit klarzukommen.

Besonders in der Pubertät fällt es einigen schwer zu akzeptieren, wenn jemand vom Mainstream abweicht. Sie setzen sich selbst so unter Druck, dazuzugehören, sich anzupassen und beliebt zu sein, dass sie kein Verständnis dafür haben, wenn andere sich trauen, einfach sie selbst zu sein. Vielleicht fühlen sie sich dadurch sogar bedroht, weil sie merken, dass sie selbst eigentlich auch gern aufhören würden, sich ständig anzupassen. Es kann auch sein, dass du sie durch ein bestimmtes Merkmal oder ein Verhalten an jemanden erinnerst, der sie mal sehr verletzt hat. Möglicherweise haben sie auch ständig Angst, irgendwo ausgeschlossen zu werden, sodass sie froh sind, wenn ein anderes Opfer gefunden wurde – und sie machen beim Mobbing mit, um sich selbst zu schützen.

Du siehst: Mobber haben in erster Linie ein Problem mit sich selbst. Gemeint bist nicht du, sondern irgendein Gefühl, das sie – warum auch immer – mit dir verbinden.

Manchmal ist es ganz gut, ihnen das auch mal ins Gesicht zu sagen: „Ich vermute mal, ihr habt irgendwelche Probleme oder Komplexe oder so. Sonst hat man es nämlich nicht nötig, andere Leute runterzumachen. Sorry, aber ich habe Besseres zu tun, als mir euer Gelaber anzuhören." Allerdings muss man gut schauen, wann so ein Spruch passt. Wenn die Mobber sehr aggressiv sind und durch eine solche Aussage möglicherweise noch gemeiner werden, oder du dir vorstellen kannst, dass sie dich körperlich angreifen, dann ist es besser, sie einfach zu ignorieren.

Hilfreiche Tipps im Umgang mit Mobbing

1
Mach dir klar, dass die Mobber keine Ahnung davon haben, wer du wirklich bist. Sie mobben nicht dich, sondern irgendein völlig falsches Bild von dir. Und dahinter steckt ganz viel eigene Unsicherheit.

2
Versuche, dumme Sprüche, soweit es geht, zu ignorieren. Wenn du ausrastet oder versuchst, dich zu rächen, provozierst

du die anderen nur noch mehr, und oft macht es ihnen dann noch mehr Spaß. Wenn du höchstens mal einen Satz wie oben sagst und Beleidigungen ansonsten einfach an dir abprallen lässt und gar nicht reagierst, wird es möglicherweise langweilig für sie, dich zu ärgern.

3
Suche dir Verbündete. Gibt es jemanden in der Klasse oder Schule, der ganz nett sein könnte? Dann versuche, Kontakt aufzunehmen. Es ist immer leichter, wenn man in der Pause nicht ganz allein herumsteht. Manchmal ist auch in der Gruppe der Mobber – oder bei denen, die zuschauen – einer dabei, bei dem du das Gefühl hast: *Der ist nur Mitläufer und will das eigentlich nicht.* Schau mal, ob sich vielleicht eine Gelegenheit ergibt, mit ihm zu reden und ihn um Unterstützung zu bitten.

4
Hin und wieder kann es auch sinnvoll sein, die Mobber mit Ehrlichkeit zu konfrontieren und möglichst neutral zu fragen: „Was wollt ihr eigentlich? Was für ein Problem habt ihr mit mir?"

5
Auch in Internetforen kann man sich Rückendeckung holen und nette Leute kennenlernen, z. B. auf ❯❯ www.youthweb. net oder ❯❯ www.hilferuf.de.

6
Arbeite an deinem Selbstbewusstsein. Wenn du selbstsicherer bist, hast du eine ganz andere Ausstrahlung, als wenn du Zweifel an dir selbst hast. Schreibe dir auf, was deine Stärken sind: Worin bist du gut? Was für positive Eigenschaften hast du? Beispiele findest du auf Seite 111–112. Achte auf

eine aufrechte Körperhaltung: Schultern zurück, Kopf hoch. Du hast keinen Grund, dich zu verstecken!

7

Hilfreich sind auch kurze Ermutigungs-Sätze, die du dir aufschreibst und an die du dann in Situationen, in denen du gemobbt wirst, denkst, z.B.: „Die kennen mich doch gar nicht wirklich", oder: „Wer mobbt, hat selber ein Problem", oder: „Ich bin gut, so wie ich bin." Oder auch: „Vor euch habe ich keine Angst."

8

Jesus hat seinen Nachfolgern versprochen: „Ich bin bei euch bis an das Ende der Welt." Und in Psalm 139,5 (LU) heißt es: „Von allen Seiten umgibst du mich und hältst deine Hand über mir." Dir immer wieder in Erinnerung zu rufen, dass der König des Universums in jeder Situation an deiner Seite ist, kann dir unheimlich viel Kraft geben!

9

Manchmal ist es aber auch hilfreich, sich zusätzlich „greifbarere" Wesen vorzustellen, die einen begleiten. Eine tolle Übung nennt sich „Der innere Helfer". Dabei malt man sich einen bestimmten Helfer aus, der einen stets begleitet und stärkt. Das kann ein Tier (wie beispielweise ein Wolf oder Löwe) sein, ein Fabelwesen, ein Engel oder eine Heldenfigur. Überlege dir genau, wie dieser Helfer aussieht und wie er dich unsichtbar begleitet. Stell dir vor, was er dir in schwierigen Situationen sagen und wie er dich ermutigen würde. Du kannst auch einen Brief von deinem inneren Helfer an dich selbst schreiben.

10

Hole dir Hilfe. Mobbing kann richtig krank machen. Oft können festgefahrene Strukturen nur gelöst werden, wenn sich

Leute von außen einmischen – zum Beispiel Lehrer, Eltern oder Schulsozialarbeiter. Deshalb bleibe nicht allein mit diesem Problem! Rede mit Menschen, denen du vertraust. Und trau dich, professionelle Hilfe in Anspruch zu nehmen. Beratungsadressen, auch online und telefonisch, findest du am Ende dieses Buches. Wichtig ist es auch, einen Vertrauenslehrer einzubeziehen. Er kennt sich in der Regel mit dem Thema aus und weiß auch über die Probleme an der Schule Bescheid. Oft kostet es Überwindung, Leute anzusprechen. Doch mache dir klar, dass genau das ihr Job ist. Und dass sie ihren Job nur gut machen können, wenn man auch auf sie zugeht. Denn häufig bekommen die Erwachsenen das Mobbing gar nicht mit oder wissen nicht, wie schlimm es ist.

11
Wenn du Christ bist, dann bete – um Selbstbewusstsein, Mut, Kraft und um Hilfe in dieser schlimmen Zeit. Wenn du noch nie gebetet hast, versuche es doch einfach mal. Gott hört dich und ist gern bereit, dich zu stärken.
Wenn du alle bisherigen Tipps probiert hast und es dennoch nicht besser wird, kann ein Schulwechsel ein sinnvoller Gedanke sein. Manchmal ist einfach ein Neuanfang nötig. Wichtig ist, in die neue Schule dann offen und selbstbewusst zu gehen, damit es diesmal anders läuft. Am besten lässt du dich dazu auch professionell beraten, um in der neuen Umgebung Selbstbewusstsein auszustrahlen und die alten Zeiten wirklich hinter dir zu lassen.

Cyber-Mobbing

Oft findet Mobbing auch in den sozialen Netzwerken statt – in Form von Hass-Nachrichten per WhatsApp, dummen Kommentaren oder peinlichen Fotos auf Facebook. Das Schlimme ist, dass Dinge, die einmal im Netz stehen, nicht oder nur sehr schwierig gelöscht werden können. Deshalb solltest du sehr vorsichtig damit sein, welche Inhalte du ins Netz stellst oder anderen schickst. Denn mit unpassenden oder gar verletzenden Posts kannst du nicht nur anderen, sondern auch dir selbst schaden. Wenn du selbst von Hasskommentaren betroffen bist, dann dokumentiere die Angriffe: Mache Kopien von den Hass-Postings und beleidigenden Bildern, damit du Beweismaterialien hast. Melde bei WhatsApp, Instagram, YouTube und Co die Angriffe. In vielen Netzwerken gibt es auch die Möglichkeit, bestimmte Personen oder Inhalte zu blockieren. Und vor allem: Teile dich einem Erwachsenen mit! Gute Tipps und Infos zu diesem Thema findest du auch unter ❯❯ klicksafe.de.

Wenn andere gemobbt werden

Wenn du mitbekommst, wie andere gemobbt werden, dann mach nicht mit! Lass deine Freunde wissen, wie schlimm Mobbing ist und dass sich sogar schon Jugendliche deswegen umgebracht haben.

Es ist nicht einfach, gegen den Strom zu schwimmen, aber wenn du tatenlos zusiehst, wie jemand gemobbt wird, wird es dir damit auch nicht gut gehen. Und den Mobbing-Opfern kann nicht geholfen werden, wenn niemand sich traut, den Mund aufzumachen.

Man kann einen Unterschied machen, indem du einfach nett zu den Opfern bist. Es ist oft einfacher, erst einmal mit einzelnen Leuten, zum Beispiel einem Freund, darüber zu reden, dass du das Mobbing nicht okay findest. Dann könnt ihr gemeinsam überlegen, was ihr tun könnt. Wichtig ist, dass ihr euch Hilfe von Erwachsenen holt – Lehrern und/oder Eltern. Das hat nichts mit Petzen zu tun, sondern ist total mutig und wichtig, um den Betroffenen zu helfen.

Lästern

Nicht ganz so offen wie Mobbing, aber auch ziemlich fies ist Lästern. Vielleicht kommst du mit anderen immer wieder in Situationen, in denen über andere gemein hergezogen wird? Dann kennst du vermutlich das Gefühl, dass das manchmal sogar Spaß macht, man sich aber hinterher oft ziemlich mies fühlt.

Jesus hat uns gesagt, dass wir die Menschen so behandeln sollen, wie wir selbst behandelt werden möchten. Das ist eine wichtige Grundregel, die dabei hilft, unser Verhalten zu bewerten. Wenn deine Gespräche mit anderen in Richtung Lästern und Schlecht-über-andere-Reden gehen, dann frage dich: „Wie fände ich es, wenn andere so über mich sprechen würden? Wie fände Jesus das?"

Auch wenn die, über die gelästert wird, nicht dabei sind – es besteht immer die Gefahr, dass sie doch davon erfahren. Und das ist dann total verletzend!

Hinzu kommt, dass du dich selbst mit negativen Gedanken und schlechten Einstellungen „fütterst", wenn du über andere lästerst.

Manchmal reicht es schon, das Thema zu wechseln, wenn du feststellst, dass du in der Gefahr stehst, über andere zu lästern. Wenn du dich aber immer wieder dabei erwischst, auf eine Art über andere zu sprechen, die nicht okay ist, kann es helfen, mit den „Mitlästerern" mal Klartext zu reden: „Hört mal, irgendwie passiert es mir immer wieder, dass ich mit euch über andere lästere. Aber eigentlich will ich das gar nicht, weil ich das gemein finde. Wir wollen ja auch nicht, dass andere so über uns reden. Ich fänd's gut, wenn wir mal darauf achten, nicht mehr zu lästern."

Ein solcher Kommentar wird dir bestimmt Respekt einbringen.

Wie finde ich gute Freunde?

Manchmal ist es gar nicht so einfach, gute Freunde zu finden. Der erste Schritt ist immer, selbst ein guter Freund zu sein. Überlege dir mal, was einen echten Freund für dich ausmacht, zum Beispiel:

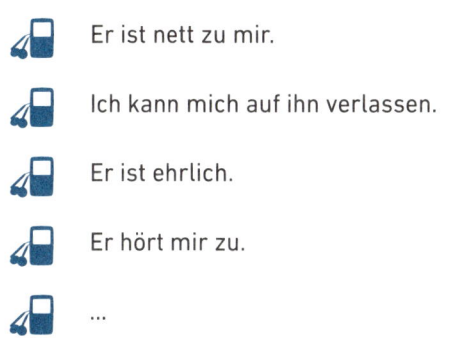

Er ist nett zu mir.

Ich kann mich auf ihn verlassen.

Er ist ehrlich.

Er hört mir zu.

...

Und dann versuche, diese Eigenschaften selbst zu leben – und andere Menschen genau so zu behandeln. Hilfreich ist es natürlich, wenn du dich unter Leute wagst. Klar, denn wenn man sich nur zu Hause einigelt, lernt man ja kaum Leute kennen! Sei also offen, überlege, welche Freizeitbeschäftigungen oder welches Ehrenamt du mal ausprobieren könntest, und gehe dort, wo die Aktivität stattfindet, freundlich auf die anderen zu. Tolle Möglichkeiten, um Freundschaften zu knüpfen, sind auch Jugendgruppen, Vereine, Bands, Chöre, Freizeiten oder Feriencamps. Achte darauf, wie du anderen entgegentrittst – lächle und zeige Interesse an dem, was sie dir erzählen. Natürlich sollte man die anderen auch nicht bedrängen – sei offen, aber auch taktvoll. Frage dich einfach immer wieder, wie du in dieser Situation gern behandelt werden würdest. Und sei nicht enttäuscht, wenn es nicht sofort klappt. Die meisten Menschen kennen Phasen, in denen sie keine guten Freunde hatten. Doch wenn man dranbleibt, findet man früher oder später Menschen, mit denen man auf „einer Wellenlänge ist", wie man so schön sagt.

Stress mit Freunden

Du hast es vermutlich auch schon mal erlebt: Streit mit einem Freund. Das kann ziemlich anstrengend und verletzend sein!

Meist ist es gut, wenn ihr euch nach einem Streit erst mal zurückzieht, damit ihr beide euch etwas beruhigen und nachdenken könnt.

Überlege, was du falsch gemacht haben könntest – oder was du vielleicht anders verstanden hast, als dein Freund es gemeint hat. Sei nicht zu stolz, dich für das, was du verbockt hast, zu entschuldigen. Natürlich kann es auch sein, dass der Fehler klar bei deinem Freund liegt. Dann ist es wichtig, ihm ehrlich zu sagen, was dich an seinem Verhalten stört und was du dir in Zukunft wünschen würdest. Am besten ohne Vorwürfe, aber in klaren Worten, zum Beispiel so: „Du, es hat mich echt traurig gemacht, dass du mich angelogen hast. Es ist mir wichtig, dass ich dir vertrauen kann. Bitte sage mir ab jetzt die Wahrheit."

Wenn man selbst verletzt ist, braucht man manchmal auch ein wenig Abstand, um seinem Freund vergeben zu können. Das kannst du ihm dann auch ruhig erklären. Wichtig ist aber, grundsätzlich bereit zu sein zu vergeben. Wir Menschen machen alle Fehler – und so gehört es leider einfach zum Leben dazu, dass wir einander verletzen. Jesus hat uns aufgefordert, immer wieder zu vergeben. Wenn wir das nicht tun, sind wir nachtragend – wir tragen einem anderen seine Schuld nach. Wer ist aber derjenige, der trägt? Du selbst! Dieses Bild zeigt, dass wir selbst darunter leiden, wenn wir uns weigern zu vergeben: Wir sind schlecht gelaunt, innerlich verbittert, wütend... und fühlen uns dadurch selber mies.

Du solltest dich aber auch nicht ausnutzen lassen. Wenn ein Freund dich immer und immer wieder enttäuscht, dann kann es auch mal dran sein zu sagen: „Ich vergebe dir – aber ich möchte mich erst mal nicht mehr mit dir treffen, weil mir das einfach nicht guttut." Und dich dann auf die Suche nach einem neuen Freund zu machen.

Wer bin ich eigentlich - und wozu bin ich hier?

Alex erzählt

 *Hi du,*

kennst du auch diese Tage, an denen die ganze Welt nur schlecht zu sein scheint – und man sich selbst überhaupt nicht mag?

Also, mir ging es in der Pubertät öfter mal so, und auch jetzt ist es ab und zu noch so. Manchmal hat man den Eindruck, dass alle gegen einen sind, und fragt sich, was das alles soll. Leben, sich anstrengen, kämpfen und dann irgendwann wieder sterben... Lohnt sich das alles überhaupt?

Und dann wird in den Nachrichten von Kindern in Kriegsgebieten berichtet, und ich komme mir voll egoistisch vor, weil ich so undankbar bin, obwohl es mir doch eigentlich voll gut geht. Ich finde das so schrecklich, dass so viele Kinder auf der Welt richtig schlimm Hunger leiden oder schwer krank sind und keine Hilfe bekommen.

Aber auch hier bei uns passiert ja genügend Mist. Letzte Woche ist der Vater von einem Jungen aus meiner Schule gestorben. Einfach so, Verkehrsunfall. Die Mutter ist schwanger mit dem dritten Kind und jetzt sitzt die Familie da, ohne Papa, von heute auf morgen...

Gott, warum muss so etwas passieren? Wie kannst du all das zulassen? Warum bin ich überhaupt hier, in dieser völlig kranken Welt?

Ja, ganz ehrlich, diese Fragen kommen mir immer mal wieder in den Sinn. Und ich vermute, das geht den meisten Menschen so.

Lauter schwere Fragen

Als Kind leben wir lange Zeit einfach in den Tag hinein. Wir spielen, haben Spaß, sind natürlich auch mal traurig, aber fragen in der Regel nicht, was das alles überhaupt soll.

Doch im Jugendalter fragen sich die meisten Menschen mehr oder weniger, was das Leben eigentlich für einen Sinn hat: Woher kommen wir? Wozu sind wir hier? Und wohin gehe ich nach dem Tod?

Zu all diesen Fragen gehört auch die Frage nach deiner Identität:

> ↪ Wer bin ich eigentlich und wer will ich sein?
>
> ↪ Was ist mir wichtig, wofür will ich mich einsetzen?
>
> ↪ Was mache ich mit und wo grenze ich mich ab, weil ich es für falsch halte?
>
> ↪ Wo gehöre ich dazu?
>
> ↪ Und wer ist einfach nicht auf meiner Wellenlänge?

Als Kind übernehmen wir viele Einstellungen und Weltansichten einfach von unseren Eltern. Als Jugendliche fangen wir dann an, all das zu hinterfragen, weil wir unseren eigenen Weg und unseren eigenen Platz auf diesem Planeten finden müssen. Das kann manchmal ganz schön anstrengend und verwirrend sein!

Vielleicht hilft es dir ein wenig zu wissen, dass all diese Fragen zum Menschsein dazugehören wie das Atmen. Sie beschäftigen die Menschheit schon unglaublich lange, und werden es vermutlich auch tun, solange Menschenfüße den Boden dieses Planeten berühren. Das unterscheidet uns auch von anderen Lebewesen – wir sind nicht einfach nur da, sondern wir setzen uns mit unserer Existenz auseinander. Das ist wertvoll und gleichzeitig manchmal beängstigend.

Denn es ist nicht einfach, gute Antworten auf all diese Fragen zu finden. Und manchmal muss man es aushalten, eine ganze Weile ohne Antwort zu leben. Auf einige der großen Fragen findet man vielleicht sogar bis an sein Lebensende keine vollständige Erklärung.

Dennoch lohnt es sich, wenn du deine Fragen ernst nimmst, dich mit anderen darüber austauschst, Bücher dazu liest, Filme anschaust, deine Gedanken und Fragen aufschreibst und sie schriftlich durchdenkst... Du nimmst sie auf diese Weise mit auf deinen Lebensweg. Vielleicht hast du hier und da mal ein Aha-Erlebnis, bekommst eine kleine Ahnung von dem, wie manches zusammenhängt, oder machst Erfahrungen, die deine Fragen noch mal komplett verändern...

Den eigenen Standpunkt finden

Als Kind wurdest zu ziemlich stark geprägt von dem, was deine Eltern glauben – wovon sie überzeugt sind, welche Werte ihnen wichtig sind. Wenn sie gläubig sind, hast du vermutlich auch mit ihnen gebetet oder sie zu christlichen Veranstaltungen, zum Beispiel dem Gottesdienst, begleitet. Vielleicht hast du auch selber gebetet.

Die Jugend ist eine Zeit, in der man sich auf den Weg zu seinen eigenen Überzeugungen macht. Das bedeutet nicht, dass alles, was deine Eltern glauben, falsch ist. Aber du spürst vermutlich selbst, dass du das nicht mehr alles einfach so hinnimmst, nur weil deine Eltern das so sehen – und das ist gut so! Du darfst zweifeln und Fragen stellen. Auch zum Thema Christsein! Du darfst eine andere Meinung haben oder dir unsicher sein. Das ist völlig okay und gehört zum Erwachsenwerden dazu. Niemand darf dir vorschreiben, was du zu glauben oder nicht zu glauben hast. Mein Tipp: Bleibe offen! Auch wenn du aktuell den Eindruck hast, nicht glauben zu können – tausche dich mit anderen darüber aus. Möglichst mit Menschen, die unterschiedliche Meinungen haben. Lass dich nicht drängen, sondern nimm dir die Zeit, die du brauchst. Und sei gleichzeitig mutig, neue Sichtweisen kennenzulernen.

Für viele Jugendliche gibt es im kirchlichen Leben wichtige „Stationen" wie Firmung, Konfirmation, kirchlichen Unterricht oder Ähnliches. Die Treffen im Vorfeld, zum Beispiel der Konfirmationsunterricht, sind eine gute Möglichkeit, sich offen mit Fragen über Gott und die Welt auseinanderzusetzen. Das bedeutet nicht, dass du danach eine Entscheidung treffen musst! Lass dich da bitte nicht unter Druck setzen. Man kann problemlos zum Konfirmationsunterricht gehen und sich dann doch nicht – oder erst später – konfirmieren lassen. Nur weil andere Jugendliche sich taufen/firmen/konfirmieren lassen und damit eine Glaubensentscheidung treffen, heißt das nicht, dass du das auch tun musst. Gott hat dir Freiheit geschenkt und gönnt dir diese Freiheit.

Manchmal kann es aber auch gut sein, einfach mal einen Schritt zu wagen. Denn eine Sache wird immer bleiben, egal, wie lange du dir Zeit lässt: Glauben ist immer Glauben, und eben nicht Wissen. Man kann begründen, warum es Sinn macht, an Gott zu glauben. Doch man kann Gott nicht beweisen – man muss ihn erleben.

Falls du magst, kannst du Gott ja einfach mal sagen: „Ich bin mir nicht sicher, ob es dich gibt, aber ich will einfach mal versuchen, wie das ist mit dem Glauben!" Das bedeutet nicht, dass du alle Meinungen und Standpunkte anderer Christen übernehmen musst. Es gibt gewisse Kernaussagen des christlichen Glaubens, zum Beispiel:

 dass Gott diese Welt erschaffen hat,

 dass sein Sohn Jesus der Erlöser dieser Welt ist,

dass Gott durch den Heiligen Geist unter uns Menschen wirkt,

 dass die Bibel ein ganz besonderes Buch ist, durch das Gott uns Menschen ganz persönlich ansprechen kann.

Aber wie genau die Welt entstanden ist, was nach dem Tod mit Menschen passiert, die nicht an Jesus glauben, wie man den Heiligen Geist erleben kann oder ob die Bibel wortwörtlich genommen werden oder vor ihrem historischen Hintergrund verstanden werden muss – all das sind Fragen, auf die Christen unterschiedliche Antworten haben. Natürlich darf man darüber diskutieren – aber die Liebe zu Gott und zu anderen Menschen sollte dabei stets wichtiger sein als unsere Meinung! Liebe bedeutet, es auszuhalten, wenn ein anderer meine Ansichten nicht teilt – und ihn trotzdem wertzuschätzen und zu respektieren.

Eltern und Familie

Mit dem Erwachsenwerden verändert sich auch deine Beziehung zu den Eltern. Deine Freundinnen werden wichtiger, und vielleicht hast du manchmal das Gefühl, deine Eltern verstehen dich gar nicht.
Wenn du in einer Wohngruppe oder Pflegefamilie aufwächst, bist du in einer anderen Situation. Vielleicht siehst du deine Eltern nur selten oder auch gar nicht mehr. Das ist ziemlich belastend und in der Pubertät wird einem das oft noch klarer. Rede mit anderen Menschen über das, was dich traurig macht.
Wenn du nicht bei deinen Eltern aufwächst, wirst du wahrscheinlich andere Erwachsene haben, die in deinem Leben eine wichtige Rolle spielen – zum Beispiel Erzieher oder Pflegeeltern. Und auch mit ihnen wirst du in der Pubertät wahrscheinlich öfter mal Stress haben, ähnlich wie andere Jugendliche mit ihren Eltern.

Die Ablösung von deinen Bezugspersonen ist ein ganz normaler Prozess – du bist kein Kind mehr und wirst jetzt immer selbstständiger. Du bist auf der Suche nach deiner eigenen Identität und musst dazu die Werte und Vorstellungen deiner Eltern erst einmal infrage stellen. Als Kind sieht man vieles genauso wie die Erwachsenen, die einem wichtig sind, und übernimmt deren Einstellungen häufig einfach – das ändert sich in der Pubertät.

Es ist also völlig okay, wenn du Dinge anders siehst als die Erwachsenen. Versuche, ihnen das freundlich zu erklären und ihnen zu zeigen, dass sie dir trotzdem weiterhin wichtig sind. Die meisten Eltern (auch Pflegeeltern und Erzieher) sind selbst ziemlich unsicher im Umgang mit Heranwachsenden, die gerade in der Pubertät sind, und benehmen sich deshalb manchmal „seltsam". Du kannst ihnen helfen, indem du offen mit ihnen sprichst und ihnen zeigst: „Ich brauche jetzt mehr Freiheit – ihr könnt euch aber auf mich verlassen!" Zeige ihnen, dass sie dir vertrauen können, indem du pünktlich nach Hause kommst oder dich meldest, wenn mal etwas dazwischenkommt und indem du deine Pflichten ernst nimmst. Wenn du mit ihren Erwartungen nicht einverstanden bist, dann versuche, das in einem ruhigen Gespräch zu erklären. Folgende Punkte können dir dabei helfen:

 Warum wünschst du dir, dass die Erwachsenen ihren Standpunkt ändern? Welche Bedürfnisse stehen dahinter (z. B. mehr Zeit mit Freunden, mehr Freiraum ...)?

 Welche Einwände oder Bedenken haben die Erwachsenen? Worauf könnt ihr euch möglicherweise einigen, sodass beide Seiten zufrieden sind?

 Manchmal gibt es so viel Streit, dass man jemanden von außen braucht, der vermitteln kann. Wenn es zu Hause viel Stress und Streit gibt, dann kannst du kostenlose, professionelle Hilfe in Anspruch nehmen. Du kannst dich z. B. an die „Nummer gegen Kummer" oder an eine Beratungsstelle vor Ort wenden, die du unter ⟨›❯⟩ www.dajeb.de finden kannst.

Ich selber werden

Wer bin ich eigentlich? Was für ein Mensch möchte ich sein? – In der Zeit des Erwachsenwerdens sind das ganz normale Fragen.

Wie du dich selbst siehst, wie du dich verhältst, wie du denkst – über die Welt, den Glauben, über andere, über dich selbst –, all das wird stark geprägt durch die Erfahrungen, die du bisher im Leben gemacht hast. Das können positive Erfahrungen sein, beispielsweise das Erleben, dass bestimmte Menschen zuverlässig für dich da sind. Das können aber auch Belastungen sein, die du beispielsweise erfahren hast, weil deine Eltern dir nicht die Liebe und die Unterstützung geben konnten, die du gebraucht hättest. Oder die Erfahrung, dass Gleichaltrige dich abgewiesen haben.

All das, was uns geprägt hat, führt dazu, dass wir bestimmte Überzeugungen und Erwartungen entwickeln, beispielsweise:

 „Es bringt nichts, sich anzustrengen. Das Leben ist eh unfair."

 „Ich bekomme Anerkennung für meine Leistung. Deshalb muss ich immer mein Bestes geben."

 „Ich werde von anderen gemobbt. Ich bin deshalb nichts wert für andere."

Solche Überzeugungen können uns ganz schön belasten und das Leben schwer machen!

Es ist gut, wenn du dich mal in einer ruhigen Minute selbst fragst, welche Erfahrungen du bisher mit dem Leben und mit anderen Menschen gemacht hast – und wie du dein Leben wahrnimmst. Hier eine kleine Übung dazu:

Du brauchst: ein Blatt Papier, Stift, ein ruhiges Eckchen, etwas Zeit. Mach dir mal Gedanken zu folgenden Fragen und schreibe deine Antworten auf:

↪ Welche Personen haben dich in deinem Leben besonders stark geprägt? (Das sind meistens die Eltern und oft auch Großeltern, andere Verwandte, Freunde, Erzieher ...)

↪ Wähle zwei bis vier Personen aus, die den stärksten Einfluss auf dich hatten.

Beantworte nun zu **jeder Person** folgende Fragen:

1. Welche Erinnerungen steigen in dir hoch, wenn du an diesen Menschen denkst? Zum Beispiel: Erinnerung an Streit oder an gemeinsames Spielen etc.

2. Welche Gefühle spürst du? Zum Beispiel: Geborgenheit, Fröhlichkeit oder auch Wut, Unsicherheit, Angst ...

3. Was hat dieser Mensch mir über das Leben beigebracht? Welche Werte oder Ziele oder Grundeinstellungen? Entweder weil die Person selbst diese Einstellung hatte – oder weil sie dich auf eine bestimmte (gute oder negative) Weise behandelt hat.

Eher negative Beispiele:

↪ „Man muss immer fleißig sein."

↪ „Hilf dir selbst, sonst tut es keiner."

↪ „Die Welt ist voller Gefahren – man muss immer aufpassen."

↪ „Es ist wichtig, was die Leute über einen denken."

Positive Beispiele:

- ↪ „Man muss nicht immer perfekt sein."

- ↪ „Es gibt immer Menschen, denen man wichtig ist."

- ↪ „Es gibt immer einen Ausweg aus der Krise."

4. Was hat diese Person dir über dich selbst beigebracht? Welches Gefühl, welche Einstellung zu dir selbst hat sie gefördert?

Beispiele:

- ↪ „Ich bin wertvoll, so wie ich bin."

- ↪ „Ich bin etwas Besseres."

- ↪ „Ich bin seltsam und keiner versteht mich."

- ↪ „Egal, wie sehr ich mich anstrenge – ich bin nie gut genug."

5. Welche deiner Einstellungen oder Eigenschaften könnte aus diesen Erfahrungen mit der Person (bzw. allgemein mit anderen Menschen) entstanden sein?

Beispiele:

- ↪ „Ich bin ängstlich und mache mir viele Sorgen."

- ↪ „Ich bin unsicher und habe immer Angst, unangenehm aufzufallen."

- ↪ „Ich mache mir Druck und meine, immer perfekt sein zu müssen."

- ↪ „Ich will es allen recht machen."

- ↪ „Ich gebe mir keine Mühe, weil es eh nichts bringt."

- ↪ „Ich lasse niemanden an mich heran."

Es hilft, sich klarzumachen, dass der eigene Blick auf die Welt, die eigenen Einstellungen durch solche Prägungen entstanden sind. Denn so kann man sich auch bewusst machen: Das, was ich so vom Leben denke, ist nicht unbedingt die Realität! Das ist meine bisherige Erfahrung – ich kann aber neue Erfahrungen machen und meine Einstellung ändern. Man kann also seine eigenen Überzeugungen und Einstellungen hinterfragen:

↪ Ist das wirklich so?

↪ Welche Beweise gibt es dafür?

↪ Könnte es auch anders laufen, wenn ich etwas ändern würde?

↪ Wozu führt es, wenn ich so denke?

↪ Was könnte ich stattdessen denken?

Beispiel:

Deine Erfahrungen haben dich zu der Überzeugung geführt: „Ich lasse keinen an mich heran, weil mich eh alle enttäuschen." Wenn du das mal hinterfragst, kannst du dir klarmachen: „Bisher habe ich das oft so erlebt. Aber wenn ich anderen eine Chance gebe, kann ich vielleicht auch mal das Gegenteil erleben."
Oder: „Viele haben mich enttäuscht, aber es gab auch Ausnahmen – Menschen, die gut zu mir waren und auf die ich mich verlassen konnte."

Manchmal sind Prägungen aber auch so massiv und belastend, dass man sie mit einer ausgebildeten Seelsorgerin oder in einer Psychotherapie aufarbeiten sollte. Informationen dazu findest du im Anhang des Buches.

Du bist wertvoll
Alex schreibt … Paul schreibt …

Alex:
Hey Paul, wie sieht's aus? ✓✓

Paul:
Hi. Geht so. ✓✓

Alex:
Was ist los? ✓✓

Paul:
Ach, keine Ahnung. Irgendwie nervt gerade alles. Ich habe das Gefühl, ich kriege gar nichts auf die Kette. ✓✓

Alex:
Wieso nicht? ✓✓

Paul:
Meine Noten gehen in letzter Zeit immer mehr in den Keller. Und bei den Bundesjugendspielen heute war ich einer der Schlechtesten. Mann, war das peinlich. ✓✓

Alex:
Ach komm, das ist doch kein Weltuntergang! Man muss doch nicht alles gut können. ✔✔

Paul:
Nee, aber manchmal denke ich, ich kann gar nichts gut. Es gibt kein Fach, in dem ich richtig super bin. Die Mädels finden auch immer nur meine Freunde attraktiv und sehen mich eher als Kumpel. Ich bin kleiner als die meisten und sehe jetzt auch nicht gerade megagut aus. Keine Ahnung, irgendwie fühle ich mich manchmal wie ein Versager. 😟 ✔✔

Kennst du die Gefühle, die Paul hier beschreibt? Hast du auch manch-mal den Eindruck, wertlos und unwichtig zu sein?

Diese Unzufriedenheit mit sich selbst kennt wohl fast jeder Mensch, weil er sie irgendwann mal erlebt hat. In der Jugendzeit treten sol-che Gefühle besonders häufig auf, weil man ja grad mittendrin ist in einem mega-intensiven Entwicklungsprozess: der Körper verändert sich, die Gefühle, das Gehirn, das Denken... da ist es völlig normal, dass man da manchmal total unzufrieden mit sich selbst ist! Halte dir vor Augen, dass diese Phase vorbeigeht. Wenn du dein Leben aktiv ge-staltest, ausprobierst, was dir liegt, und dir Unterstützung von ande-ren holst, wirst du nach und nach immer mehr entdecken, was in dir steckt.

Denn eines ist ganz klar – auch wenn du das nicht immer so empfin-dest: Du bist unbezahlbar und unendlich wertvoll!!

Jeder Mensch auf diesem Planeten ist einzigartig, weil es genau die-sen Menschen nur dieses eine Mal gibt. Du bist unersetzlich! Niemand hat genau so ein Lächeln oder solche Augen wie du. Niemand kann auf dieser Welt das bewirken, was du bewirken kannst. Nicht deine Leistung oder dein Aussehen oder deine Beliebtheit bestimmen dei-nen Wert. Du bist wertvoll – einfach, weil du du bist!

Stärken und Schwächen

Du kannst lernen, dich selbst mehr und mehr anzunehmen – auch mit deinen Schwächen – die ja jeder Mensch hat. Jeder kennt Bereiche, in denen er richtig schlecht ist, weil ihm einfach bestimmte Sachen schwerfallen. Na und? Das ist menschlich und man kann lernen, selbstbewusst damit umzugehen!

Aber starre jetzt nicht auf deine Schwächen. Denn du hast, wie jeder Mensch, unglaubliche Stärken! Schau dorthin! Vielleicht brauchst du noch eine Zeit, bis du sie herausgefunden hast. Aber sie schlummern in dir, das ist absolut sicher!

Nimm dir ein leeres Blatt und schreibe darauf alles Positive an dir und an deinem Leben. So kannst du deinen Stärken schon ein wenig auf die Spur kommen. Und du siehst gleichzeitig, was deine Kraftquellen sind, aus denen du für deinen Alltag schöpfen kannst:

Der Weg zu meiner inneren „Powerbank"

↪ Was kannst du gut?

↪ Was magst du an deinem Aussehen?

↪ Wofür loben dich andere?

↪ Was machst du gern?

↪ Welche Menschen in deinem Leben sind dir wichtig?

↪ Was gibt dir in deinem Leben Kraft?

Auf den Seiten 111–112 findest du eine Auswahl mit möglichen Stärken. Lies sie dir einfach mal durch, um eine Idee zu bekommen, was deine Stärken sein könnten. Kreise die Dinge ein, von denen du meinst, sie treffen auf dich zu.

selbstbewusst

flexibel (komme mit unterschiedlichen Menschen/Situationen zurecht)

ehrlich

durchsetzungsstark

ehrgeizig

kreativ

entschlossen (ich weiß, was ich will!)

kritikfähig
(ich lasse mir sagen, was ich falsch mache, und bin bereit, das zu ändern)

mutig

humorvoll

begeisterungsfähig

ruhig

offen

locker

teamfähig

hilfsbereit

freundlich

unkompliziert

belastbar

ausdauernd (ich mache weiter, auch wenn's schwierig wird)

sozial engagiert

nachdenklich

risikobereit

kann Streit gut schlichten

kann Leute gut aufmuntern

kann das Leben genießen

selbstständig

lernbereit

neugierig

zuverlässig

verantwortungsbewusst

naturwissenschaftlich begabt

sportlich

spontan

fleißig

musikalisch

mathematisch begabt

kann gut organisieren

künstlerisch begabt

sprachbegabt

ich kann mich selbst gut entspannen

ich kann andere überzeugen

ich lerne schnell Neues

ordentlich

handwerklich begabt

sorgfältig

habe eine große Fantasie

technisch begabt

**kann mich
gut ausdrücken**

kann mich gut in andere
Menschen hineinversetzen

kann gut mit Kindern umgehen

höflich

**bin gut darin,
neue Leute kennenzulernen**

kann gut mit Tieren
umgehen

probiere gern Neues aus

kann gut zuhören

kann gut kochen

*kann mich gut
selbst motivieren*

kann gut backen

kann mir Dinge gut merken

kann bestimmte Spiele gut

kann gut puzzeln

optimistisch   geduldig

kann gut Sudoku

*selbstbestimmt
(ich weiß, was ich will,
und ziehe mein Ding durch)*

ich kann anderen
gut vergeben

intelligent

bin ein guter Freund

*ich kann mich ehrlich
entschuldigen*

rücksichtsvoll

kann Fehler zugeben

kann Dinge reparieren

Ergänze, was dir sonst noch so einfällt… Wenn es dir schwerfällt, etwas zu finden, versuche dich in die Rolle von jemandem hineinzuversetzen, der dich gernhat. Welche Dinge würde er/sie wohl für dich ankreuzen?
Du kannst auch einigen Leuten, die dir nahestehen, kleine Zettel geben und sie bitten, aufzuschreiben, was sie an dir mögen. Vielleicht macht ihr einen Tausch – du gibst demjenigen ebenfalls einen solchen Zettel. Das stärkt auf jeden Fall die Freundschaft und euer Selbstbewusstsein!

Die folgende Geschichte illustriert sehr schön, wie man lernen kann, den eigenen Wert zu erkennen:

Tayo, der Wolf, wird gebraucht

Es war einmal ein Wolf namens Tayo. Er hatte fünf Geschwister: drei Brüder namens Isegrimm, Ayko und Wolfram und zwei Schwestern namens Luna und Waya. Die meisten seiner Geschwister konnten irgendetwas besonders gut: Isegrimm war ein starker Kämpfer, Ayko und Wolfram waren sehr schnell und Luna hatte die schönste Stimme des ganzen Wolfsrudels. Waya war noch zu jung, um irgendetwas besonders gut zu können, aber alle fanden sie niedlich und entzückend.

Nur Tayo bekam fast nie Lob. Im Gegenteil, er wurde oft ausgelacht. Wenn jemand in einen Matschhaufen trat, dann Tayo. Und beim Raufen mit den anderen Wölfen gewann Tayo nur selten. Er konnte irgendwie nichts so richtig gut: Er war nicht besonders schnell, nicht besonders stark und konnte überhaupt nicht gut heulen. Seine Geschwister heulten immer laut und kräftig mit, wenn der Mond schien, aber seine Stimme klang krächzend und nicht besonders schön. Deshalb heulte Tayo niemals. Er schämte sich zu sehr. Er wünschte sich so, dass sein Wolfsvater Lupo auch einmal zu ihm sagen würde: „Ich bin stolz auf dich." Doch das sagte er immer nur zu seinen Geschwistern. Seine Mutter hatte auch wenig Zeit für ihn, weil die kleine Waya noch so jung war und viel Pflege brauchte. Deshalb fühlte sich Tayo oft allein. Manchmal kam es ihm so vor, als wäre er niemandem wichtig. Und das war wohl ein Grund dafür, dass er so oft wütend wurde. Sehr oft, wenn er mal wieder das Gefühl hatte, dass er ungerecht behandelt wurde, kroch in ihm ein ganz heftiges Gefühl hoch. Er hatte sich gar nicht mehr richtig unter Kontrolle und begann, zornig zu knurren, die Zähne zu fletschen, und manchmal biss er sogar zu. Deshalb hatte die kleine Waya Angst vor ihm, was Tayo ganz schlimm fand. Denn eigentlich wollte er nicht ausrasten.

Eines Tages traf er eine traurige Entscheidung: Er würde den Wald verlassen. Er war sich sicher, dass er hier nicht gebraucht wurde. So schlich er sich mitten in der Nacht, bei Mondschein, heimlich fort. Als er noch einen letzten Blick auf seine schlafende Mutter warf, rollte eine Träne seine Schnauze herunter.

Er war schon einige Hundert Meter gelaufen, da hörte er auf einmal seinen Namen. Erstaunt blickte er sich um. Oben auf dem Ast saß die kluge Eule Juri: „Wohin möchtest du, mein Freund?", fragte Juri.

Tayo zuckte unsicher mit den Schultern: „Einfach weg. Mich will hier eh keiner haben."

Erstaunt blickte Juri ihn an: „Wie kommst du denn darauf?"

Tayo sah zu Boden: „Ich bin keinem wichtig. Meine Eltern haben keine Zeit für mich und sie finden meine Geschwister viel toller. Ich habe hier keinen Platz."

Juri flatterte vom Baum herab und setzte sich neben Tayo. Überrascht stellte Tayo fest, dass Tränen in Juris Augen standen. „Warum weinst du?", wollte er wissen.

Da kullerten die Tränen nur so Juris Federkleid herunter und die Eule schniefte: „Weil du hier fehlen wirst. Weil es einen Platz für dich gibt, der dann leer wäre. Weil es wichtige Aufgaben gibt, die auf dich warten."

Tayo legte den Kopf schief: „Wie meinst du denn das?"

Die Eule wischte sich mit dem Flügel eine Träne vom Auge: „Lieber Tayo, jedes Lebewesen hat einen Platz auf der Erde. Auf der ganzen weiten Welt gibt es niemanden wie dich. So viele Lebewesen gibt es auf der Welt – aber deine Augen gibt es nur dieses eine Mal! Jeder Wolf, jede Eule, jeder Menschen ist einmalig und wertvoll, so, wie er ist!"

„Aber ich kann doch gar nichts Besonderes!", protestierte Tayo.

„Vielleicht siehst du es noch nicht", antwortete die Eule, „aber in jedem Einzelnen steckt etwas Besonderes. Jeder hat eine Stärke und für jeden gibt es eine Aufgabe in dieser Welt. In dir schlummern Fähigkeiten, mit denen du andere unterstützen kannst. Und andere wiederum können dir helfen. So können wir alle zusammen diese Welt zum Guten verändern."

„Dass ich wertvoll bin, höre ich zum ersten Mal", murmelte Tayo leise und begann zu weinen.

Die Eule legte einen Flügel um Tayo und drückte ihn fest an sich: „Komm mal mit."

Sie lief mit ihm zum kleinen Bach, und auf einmal sah Tayo auf der Wasseroberfläche ein Bild von einem alten Wolf, der ihn freundlich ansah. Es war, als würde das Bild lebendig, und der Wolf sprach: „Ich bin deine Urgroßmutter Annabel. Du kennst mich nicht, aber ich bin so stolz auf dich. Gib nicht auf!"

Tayo schnappte erstaunt nach Luft, doch da erschien schon ein zweites Bild auf dem Wasser: ein Wesen, das Tayo noch nie gesehen hatte – und doch fühlte es sich an, als wäre es Tayo schon immer unsichtbar nahe gewesen. Es sah mächtig und stark aus und gleichzeitig waren seine Augen voller Liebe.

„Ist das etwa der Große Geist?", fragte Tayo aufgeregt.

Juri nickte: „Die Indianer nennen ihn den Großen Geist. Andere reden von Gott, wieder andere von einer guten Macht oder der Liebe. Doch wie auch immer du ihn nennst – dass du geboren wurdest, war seine Idee. Und auch für ihn bist du unbezahlbar wertvoll. Du wirst geliebt!", bekräftigte Juri. „Es ist schlimm, wenn die Eltern einem diese Liebe nicht zeigen können. Du darfst darüber weinen – weinen tut oft gut. Doch das Versagen deiner Eltern ändert nichts daran, wie wertvoll du bist. Manchmal spüren wir lange Zeit keine Liebe – und doch ist sie da. Wie die Sonne, die sich an Regentagen hinter Wolken versteckt. Immer, wenn ein anderer freundlich zu dir ist, kommt etwas von der Liebe bei dir an!"

„Das fällt mir schwer zu glauben", gab Tayo zu.

Juri nickte. „Du kannst dich entscheiden, es einfach mal zu versuchen. Tu so, als würdest du es glauben! Du musst dich nicht mehr mit anderen vergleichen. Du musst dich nicht mehr ärgern, wenn etwas ungerecht läuft. Denn dass du etwas Besonderes bist, steht sowieso schon fest. Versuche, das Gute in anderen zu sehen. Gehe mit offenen Augen durch die Welt und schaue, wo du Gutes tun kannst. Dann wirst auch du Liebe und Freundlichkeit erleben."

Tayo beschloss, Juri wirklich einmal zu glauben. Zumindest für zwei Wochen wollte er es ausprobieren.

Und so ging er zurück zu seiner Familie.

Und immer, wenn er etwas ungerecht fand, ging er zum Bach, sah seine Augen an und sagte sich: „Ich bin wertvoll." Und es veränderte sich etwas: Je mehr er das glaubte, desto weniger musste er darum kämpfen, Erster zu sein oder Aufmerksamkeit zu bekommen.

Nur die Ausraster kamen noch manchmal vor. Tayo beschloss, Juri zu fragen, ob er auch dafür einen Tipp hätte. Die kluge Eule riet ihm: „Dein Atem ist dein Freund. Der Trick ist: Wenn du wütend bist, dann sage dir: ‚Wolfs-Atmung vertreibt die Wut.'"

Tayo runzelte die Stirn: „Hä?"

Juri grinste: „Die Wolfs-Atmung geht so: Du atmest tief durch die Nase ein und machst dabei deinen Bauch ganz rund, wie einen Luftballon. Dabei zählst du bis fünf. Dann atmest du langsam wieder aus und zählst dabei bis sieben. Und das machst du, bis du merkst, dass du etwas ruhiger wirst. Komm, wir versuchen es mal…" Fröhlich ging Tayo zurück zu den anderen Wölfen. Immer, wenn er sich über etwas ärgerte, dachte er an diesen Satz und zählte seine Atemzüge. Und wirklich: Es klappte noch nicht jedes Mal, aber immer öfter!

Eines Tages kam ein streunender Hund namens Tassilo zum Wolfsrudel. Die Menschen hatten ihn schlecht behandelt und deshalb wollte er nun im Wald leben. Die Wölfe schickten ihn zwar nicht weg, aber sie waren auch nicht besonders nett zu ihm. „Das ist doch nur ein Hund", sagten sie oft, „der kann nicht mal heulen!"

Doch Tayo dachte an die Worte der Eule, die gesagt hatte, dass jedes Lebewesen wertvoll war…

An einem Abend war lautes Hundegebell zu hören. Die anderen Wölfe meinten: „Ach, der Hund. Der will bestimmt eh nichts Wichtiges." Tayo aber erinnerte sich wieder an Juris Worte und beschloss, dem Bellen zu folgen, um zu sehen, ob Tassilo Hilfe brauchte. Als er den Hund erreicht hatte, sah er, dass dieser sehr aufgebracht wirkte.

„Wir müssen die anderen Wölfe warnen!", sagte Tassilo. „Ich habe Jäger beobachtet, die das Wolfsrudel überfallen wollen, weil sie ihr Fell für teure Pelze benutzen wollen! Sie wissen, wo die Wölfe schlafen, und sind schon auf dem Weg – mit vielen gro-ßen Gewehren!"

Oh nein! Tayos Herz raste. Was sollte er nur tun? Wenn er erst den langen Weg zurückrannte, käme er womöglich zu spät. Ihm blieb nichts anderes übrig, als das zu tun, das er sonst nie tat: laut zu heulen! Er schämte sich noch immer für seine kräch-zende Stimme, aber ihm war klar: Nur so konnte er die ande-ren Wölfe retten! Also nahm Tayo all seinen Mut zusammen und heulte – krächzend, aber laut und kräftig und solange er konnte. Als er Ayko und Wolfram herbeirennen sah und hinter ihnen die anderen, atmete er erleichtert auf. Auch Tassilo freute sich: „Du hast sie gerettet!", rief er.

Rasch erzählte Tayo den anderen, warum er sie gerufen hatte.

Das ganze Rudel dankte Tayo: „Danke, dass du uns gerettet hast, obwohl wir nicht immer nett zu dir waren!"

Isegrimm stupste Tayo freundlich an: „Weißt du, als du mit dem Heulen anfingst, war es recht laut im Wald, weil gerade auch an-dere Wolfsrudel heulten und einige Waldkäuze durch die Gegend riefen. Aber weil deine Stimme so anders klingt, war uns klar:

Das ist Tayo und es muss etwas Wichtiges sein! Sonst würde er nicht so laut heulen! Und so machten wir uns alle auf den Weg – und konnten gut hören, aus welcher Richtung das krächzende Heulen kam." Isegrimm grinste: „Siehst du, da war deine Schwäche – die krächzende Stimme – eine richtige Stärke!"

Tayo nickte. Von diesem Tag an heulte er jede Nacht mit den anderen Wölfen. Er schämte sich nicht mehr dafür, dass seine Stimme anders war – nein, er war sogar stolz darauf, denn gerade diese Schwäche hatte die Wölfe gerettet! Und als er Juri wiedersah, rief er fröhlich: „Du hattest recht!"

Die Eule lächelte wissend.

Mehr brauchte Tayo ihr nicht zu erklären.

Für Tayo war die Begegnung mit der Eule Juri sehr wichtig.

Stelle dir doch mal vor, dass auch dir so ein Wesen – ein sogenannter „innerer Helfer" – begegnen würde, der dir bei einem Thema, das dich momentan belastet oder herausfordert, hilft. Was für ein Wesen könnte das für dich sein? Ein bestimmtes Tier? Ein Engel? Ein Fabelwesen? Über welches Thema würde es mit dir sprechen? Was bedrückt dich, macht dir Sorgen oder nervt dich zurzeit? Oder gibt es etwas, das dir gerade ganz wichtig ist und dich glücklich macht, worüber du aber auch noch unsicher bist oder wozu du Fragen hast?

Was würde dein innerer Helfer dir sagen, um dich zu stärken und gut zu beraten? Schreibe doch mal einen Dialog, in welchem du deinem inneren Helfer eine Frage stellst, und überlege, wie er dir darauf antworten könnte.

Einzigartig gemacht

Der folgende Psalm ist *so* genial, dass sogar Xavier Naidoo ihn in einem Song zum Thema macht:

Herr, du durchschaust mich, du kennst mich durch und durch.

Ob ich sitze oder stehe – du weißt es, aus der Ferne erkennst du, was ich denke.

Ob ich gehe oder liege – du siehst mich, mein ganzes Leben ist dir vertraut.

Schon bevor ich anfange zu reden, weißt du, was ich sagen will.

Von allen Seiten umgibst du mich und hältst deine schützende Hand über mir.

Dass du mich so genau kennst, übersteigt meinen Verstand; es ist mir zu hoch, ich kann es nicht begreifen!

Wie könnte ich mich dir entziehen; wohin könnte ich fliehen, ohne dass du mich siehst?

Stiege ich in den Himmel hinauf – du bist da! Wollte ich mich im Totenreich verbergen – auch dort bist du!

Eilte ich dorthin, wo die Sonne aufgeht, oder versteckte ich mich im äußersten Westen, wo sie untergeht,

dann würdest du auch dort mich führen und nicht mehr loslassen.

Wünschte ich mir: „Völlige Dunkelheit soll mich umhüllen, das Licht um mich her soll zur Nacht werden!" – für dich ist auch das Dunkel nicht finster; die Nacht scheint so hell wie der Tag und die Finsternis so strahlend wie das Licht.

Du hast mich mit meinem Innersten geschaffen, im Leib meiner Mutter hast du mich gebildet.

Herr, ich danke dir dafür, dass du mich so wunderbar und einzigartig gemacht hast! Großartig ist alles, was du geschaffen hast – das erkenne ich!

Psalm 139,1–14; Hfa

Dieser Psalm spricht von der unglaublichen Liebe Gottes zu jedem einzelnen Menschen. Gott hat dich ganz bewusst geschaffen – er wollte, dass du geboren wirst. Er hat dich vom Tag deiner Entstehung an begleitet und er hat dich „wunderbar und einzigartig" gemacht, wie es in den Psalmworten heißt. Es gibt in der Bibel noch eine anderen tollen Satz. Lies mal:

Der Herr, dein starker Gott, der Retter,
ist bei dir. Begeistert freut er sich an
dir. Vor Liebe ist er sprachlos ergriffen
und jauchzt doch mit lauten Jubelrufen
über dich.
Zefanja 3,17; NL

Lass dir diesen Satz mal richtig durch den Kopf gehen – Gott jubelt über dich! Er ist begeistert von dir!

Schöner, reicher, beliebter ... Vergleiche mit anderen

Wir Menschen neigen dazu, uns mit anderen zu vergleichen. Wer ist erfolgreicher, wer ist schöner, wer kann sich mehr leisten? Das hängt mit unserem Drang, alles und jeden zu bewerten, zusammen.

Max Lucado macht das in einer Geschichte sehr deutlich. Er erzählt von einem Volk von Holzpuppen, den Wemmicks. Die Wemmicks stecken einander ständig Aufkleber an – Sterne als Zeichen der Anerkennung und graue Punkte als Zeichen der Ablehnung. Es gibt einige Wemmicks, die total beliebt sind, vieles gut können und ganz viele Sterne haben. Und dann gibt es die Verlierer – die, die keine Anerkennung bekommen, sondern viele graue Punkte. Punchinello ist einer von diesen Verlierern, und er leidet sehr darunter, dass er im Vergleich mit den anderen so schlecht abschneidet.

Doch eines Tages begegnet ihm das Holzpuppen-Mädchen Lucia, das seltsamerweise weder Sterne noch Punkte hat! Die anderen versuchen immer wieder, ihr Sterne und Punkte anzukleben, doch die

Aufkleber fallen einfach immer wieder herunter. Punchinello will unbedingt wissen, warum das so ist – doch Lucia schickt ihn, statt ihm eine Antwort zu geben, zu Eli, dem Holzschnitzer.

Punchinello muss all seinen Mut zusammennehmen, um wirklich zu Eli zu gehen. Doch was er dort erlebt, verändert sein ganzes Leben. „Jeden Tag habe ich gehofft, dass du kommst", lässt Eli Punchinello wissen. Eli kritisiert ihn nicht für seine vielen grauen Punkte. Im Gegenteil: Ihn interessieren weder Sterne noch Punkte. Und er sagt Punchinello, dass ihn all das ebenso wenig interessieren sollte. Eli erklärt Punchinello, dass er ihn geschaffen hat – so, wie er ist – und dass Punchinello deshalb einmalig und wertvoll ist.

„Ich bin gekommen, weil ich jemanden getroffen habe, der keinen Aufkleber hat", sagte Punchinello.

„Ich weiß. Sie hat mir schon von dir erzählt."

„Warum bleiben die Aufkleber an ihr nicht haften?"

Der Holzschnitzer sprach ganz sanft: „Weil sie beschlossen hat, dass es wichtiger ist, was ich denke, als das, was die anderen denken. Die Aufkleber haften nur, wenn du es zulässt."

„Was?"

„Die Aufkleber haften nur, wenn sie für dich wichtig sind. Je mehr du meiner Liebe vertraust, desto weniger bedeuten dir die Aufkleber der anderen."

„Ich glaube nicht, dass ich das verstehe."

Eli lächelte. „Das kommt noch. Das dauert ein bisschen. Du hast viele Aufkleber. Komm einfach jeden Tag zu mir, damit ich dich daran erinnern kann, wie wichtig du mir bist."

Eli hob Punchinello von seinem Arbeitstisch und stellte ihn auf den Boden. „Denke daran", sagte Eli, als der Wemmick durch die Tür ging, „du bist einmalig, weil ich dich gemacht habe. Und ich mache keine Fehler."

Punchinello blieb nicht stehen, aber in seinem Herzen dachte er, ich glaube, er meint es ernst. Und als er das dachte, fiel ein Aufkleber auf den Boden.

aus: Max Lucado: Du bist einmalig[4]

Die Geschichte von Punchinello hat zwei wichtige Botschaften: Erstens: Du bist wertvoll und einmalig – genau so, wie du bist! Zweitens: Was andere über dich sagen, ist nicht wichtig. Wir Menschen sollten endlich aufhören, einander zu beurteilen. Und wir sollten aufhören, uns mit anderen zu vergleichen und uns von ihrem Urteil abhängig zu machen. Die anderen sind nicht mehr und nicht weniger wert als du! Und kein anderer Mensch hat das Recht, dich zu bewerten.

Es ist nicht einfach, das ständige Vergleichen sein zu lassen. Aber du kannst es lernen. Schreibe dir zum Beispiel für deinen Schreibtisch kleine Notizzettel mit Wahrheiten wie:

„Ich bin wertvoll!"
„Ich bin schön!"

Du musst diese Wahrheiten noch nicht glauben können. Doch je öfter du sie liest und dir innerlich zusprichst, desto leichter wird es dir fallen, sie anzunehmen.

Sehnsucht nach mehr

Christen glauben, dass Gott den Menschen mit einer tieferen inneren Sehnsucht geschaffen hat. Einer Sehnsucht, die uns antreibt, nach dem Lebenssinn zu fragen, einander ehrlich zu begegnen und Gott zu suchen – jeder auf seine Weise.

Diese Sehnsucht erzeugt in unserem Herzen so etwas wie ein „Loch", das nur gefüllt werden kann, wenn wir eine Beziehung zu dem aufbauen, der uns geschaffen und schon immer geliebt hat: Gott. Natürlich kann man auch versuchen, dieses Loch anders zu füllen – mit Spaß, Partys, Sport, Geld, Schönheit und Anerkennung, guten Leistungen, Freunden, einer Liebesbeziehung... Auch mit Essen versuchen viele Menschen, das Sehnsuchtsloch in ihnen drin zu stopfen: Schokolade gegen Frust und Traurigkeit, Chips und Cola gegen die schlechte

Laune. Für kurze Zeit scheinen diese Maßnahmen oft auch zu funktionieren, man fühlt sich besser oder man ist zumindest abgelenkt und hat Spaß. Aber früher oder später merkt man, dass doch etwas fehlt. Weder der krasseste Luxus noch der größte Spaß noch die liebevollste Familie kann den Teil in uns füllen, der sich nach einer Beziehung zu dem sehnt, der uns geschaffen hat.

Gott hat sich dich ausgedacht und sehnt sich danach, mit dir in Kontakt zu treten! Aber vielleicht fragst du dich ja gerade: Gibt es diesen Gott überhaupt? Denn schließlich kann ich Gott nicht sehen – und vieles, was in seinem Namen gemacht wurde, war ziemlicher Bullshit, zum Beispiel die Kriege, die im Mittelalter in seinem Namen geführt wurden! Außerdem erklärt die Naturwissenschaft unsere Welt doch inzwischen problemlos ohne Gott, oder? Und überhaupt, bei all dem Leid in der Welt – kann man da überhaupt an einen Gott glauben?

Glauben – nur etwas für naive Menschen?

Es stimmt, die Naturwissenschaft kann inzwischen sehr vieles erklären. Allerdings – was vor dem sogenannten Urknall war, das können auch die besten Forscher nicht erklären. Es mag einen großen Knall gegeben haben – aber wie genau und woraus ist dieser entstanden? Es gibt Fragen, da kommen wir mit Wissenschaft nicht weiter.

> *„Ich war schon oft draußen im Weltraum",*
> *protzte der Kosmonaut, „aber ich habe*
> *weder Gott noch Engel gesehen."*
> *„Und ich habe schon viele kluge Gehirne*
> *operiert", antwortete der Gehirnforscher,*
> *„aber ich habe nirgendwo auch nur einen*
> *einzigen Gedanken entdeckt."*
> *– Jostein Gaarder*

Es gibt also Dinge, die man nicht sehen kann – und die man auch mit wissenschaftlichen Methoden nicht oder nur ansatzweise erforschen kann. Existieren diese Dinge deshalb nur in unserer Fantasie? Sachen wie unsere Gedanken oder die menschliche Seele kann man weder sehen noch anfassen – heißt das, dass es sie gar nicht gibt?

Andererseits gibt es Dinge, die sehr gut erforschbar sind – zum Beispiel die Bibel –, und trotzdem halten sie viele Menschen für ein Märchenbuch aus einer alten Zeit. Aber die Bibel ist extrem gut überliefert, obwohl sie schon mehrere Tausend Jahre alt ist: Man hat von vielen Teilen der Bibel sehr, sehr alte Versionen gefunden, die man dann mit unserer heutigen Bibel verglichen hat – und siehe da, es gibt erstaunlich wenige Fehler – viel, viel weniger als in anderen alten, historischen Büchern, denen Geschichtswissenschaftler problemlos Glauben schenken!

Viele Menschen halten die Aussagen der Bibel für unwahr. Zum Beispiel haben sie ein Problem mit der Behauptung, Jesus sei von den Toten auferstanden. Sie meinen, dass ein solches Wunder nicht in unser heutiges wissenschaftliches, aufgeklärtes Weltbild passt. Tatsächlich ist die Aussage, dass jemand gestorben, dann aber wieder lebendig geworden ist, ziemlich ungeheuerlich. Aber es gibt deutliche Hinweise dafür, dass dieses Ereignis tatsächlich passiert ist. Dr. Simon Greenleaf, ein berühmter Professor für Jura an der Harvard-Universität, untersuchte all die Beweise für die Auferstehung Jesu Christi. Und er kam zu folgendem Ergebnis:

Nach den Gesetzen der Beweisführung, wie sie vor Gericht angewandt werden, gibt es mehr Beweise für die historische Tatsache der Auferstehung Jesu Christi als für jedes andere Ereignis in der Geschichte.[5]

Und von dem Engländer John Singleton Copley, der unter anderem Kronanwalt von Großbritannien und Großhofmeister der Universität Cambridge war, stammt folgendes Zitat:

Ich weiß sehr gut, was ein Beweis ist; und ich versichere Ihnen, eine solche Beweisführung wie die für die Auferstehung ist noch niemals zusammengebrochen.[6]

Und das sagt einer, der die höchsten Ämter innehatte, die ein Richter in Großbritannien jemals auf sich vereinen konnte!

Buch- und Film-Tipp: Der Fall Jesus

Mein persönlicher Tipp: Lies mal das Buch „Der Fall Jesus für Teens" oder zieh dir den Film „Der Fall Jesus" rein. Das ist die wahre Geschichte des Journalisten Lee Strobel. Als seine Frau anfing, an Jesus zu glauben, wollte er unbedingt beweisen, dass der christliche Glaube totaler Unsinn ist. Er ist an die Berichte über Jesus herangegangen wie an einen Kriminalfall – und hat Beweise und Gegenargumente zusammengetragen und verglichen. Ziemlich spannend! Letztlich kommt auch er zu dem Schluss, dass extrem viel dafür spricht, dass Jesus Christus wirklich gelebt hat, gekreuzigt wurde und von den Toten auferstanden ist.

Den Verstand ausschalten muss man also definitiv nicht, um glauben zu können. Wenn man anfängt, sich mit der modernen Wissenschaft zu befassen, kann man den Eindruck bekommen, Gott sei gar nicht mehr nötig oder der Glaube an Gott sei total unlogisch und nur was für kleine Kinder. Doch wenn man tiefer geht, stellt man schnell fest, dass die Wissenschaft viele Fragen offen lässt. Und dass es viele berühmte Wissenschaftler wie Isaac Newton und Max Planck gibt, die bekennende Christen waren!

Das Leid in der Welt

Viele Menschen sagen, dass sie nicht an einen Gott glauben können, weil es so viel Leid auf dieser Welt gibt. „Wenn es einen Gott gäbe", sagen sie, „würde es nicht so viel Schmerz und Elend geben."

Warum lässt Gott das zu? – Das ist tatsächlich eine der schwierigsten Fragen überhaupt.

Viele Christen sehen es so: Gott hat uns einen freien Willen geschenkt. Er wollte uns nicht zu Marionetten machen, die nur das tun, was er will. Und deshalb hat jeder Mensch die Freiheit, auch schlechte Entscheidungen zu treffen – zum Beispiel betrügen, betrunken Auto fahren, einen Anschlag verüben... Wenn Gott das verhindern wollte, müsste er unseren freien Willen einschränken. Und dann wären wir keine eigenständigen Wesen mehr.

Diese Erklärung ist hilfreich, und doch reicht sie nicht ganz aus. Es bleiben immer noch viele Fragen, zum Beispiel: Was ist mit Naturkatastrophen, an denen Menschen keine Schuld tragen?

Es gibt Leute, die glauben, dass Gott möglicherweise das Böse gar nicht verhindern kann. „Aber Gott ist doch allmächtig!?", werden da die meisten Christen erwidern.

Der Autor des Buches „Wenn guten Menschen Böses widerfährt", Harold Kushner, hat da eine interessante Erklärung: Er schreibt, dass das Wort, das in der Bibel für „Allmacht" steht, „extrem mächtig" bedeutet, aber nicht unbedingt heißt, dass Gott absolut alles sofort tun beziehungsweise verhindern kann. Jesus selbst zum Beispiel konnte in seiner Heimat, wo viele ihn ablehnten, nicht viele Wunder tun (nachzulesen in Markus 6,1–6). Es gibt also möglicherweise Grenzen, die Gottes Handeln einschränken – zum Beispiel der Unglaube, wie es bei Jesus in seiner Heimatstadt der Fall war.

Die Vorstellung, dass Gott das Leid (noch) nicht verhindern kann, ist, wie gesagt, nur eine Überlegung. Man muss ihr nicht zustimmen, aber sie könnte einiges erklären. Und sie zeigt: Auch der Verstand von uns

Menschen ist begrenzt. Gott ist so viel größer als wir. Manchmal müssen wir akzeptieren, dass wir einige Fragen (noch) nicht beantworten können.

In den letzten Sätzen kam oft das Wörtchen „noch" vor. Das ist ein wichtiger Einschub: Denn selbst wenn Gott das Leid jetzt nicht verhindern kann: Eines Tages – so steht es in mehreren Stellen in der Bibel – wird er alles Böse und Schlechte in dieser Welt besiegen.

Jede Träne wird er von ihren Augen wischen. Es wird keinen Tod mehr geben und auch keine Traurigkeit, keine Klage, keinen Schmerz. Was früher war, ist für immer vorbei.
Offenbarung 21 f.; NeÜ

* * *

Jesus sagte: „Jetzt seid ihr voll Angst und Trauer. Aber ich werde euch wiedersehen. Dann wird euer Herz voll Freude sein, und diese Freude kann euch niemand nehmen. Wenn dieser Tag kommt, werdet ihr mich nichts mehr fragen."
Johannes 16,22–23; GN

Das kann uns Hoffnung machen, dass wir, wenn wir eines Tages vor Jesus stehen, alles verstehen werden, was uns jetzt so unbegreiflich erscheint.

Das zu glauben ist natürlich nicht immer einfach. Vielleicht fühlt es sich für dich so an, als könntest du das nicht glauben, auch wenn du es gern glauben würdest? Lass dich von diesen Zweifeln nicht stressen. Jesus hat gesagt, dass schon ein Glaube, der so klein ist wie ein Senfkorn, Berge versetzen kann. Rede mit Gott offen über deine Zweifel. Auch dann, wenn du dir gar nicht sicher bist, ob er dich hört. Ziehe dich in dein Zimmer zurück und rede einfach drauflos. Oder schreibe auf, was dir in den Kopf kommt. Wenn du auch nur ein bisschen neugierig bist auf diesen Jesus – dann sage ihm, dass du ihn gern erleben würdest, und bitte ihn, dir zu begegnen. Sei offen und halte Ausschau nach Menschen, die Gott kennen und die dir vielleicht bei einigen Fragen weiterhelfen können. Gott verspricht: „Wenn ihr mich sucht, werdet ihr mich finden" (Jeremia 29,13). Wenn du also bereit bist, auf Entdeckungsreise zu gehen und Gott auch nur eine kleine Chance zu geben, dir zu zeigen, wer er ist ... dann musst du keine Angst haben, ihn zu verpassen!

Klagen erlaubt!

Wenn Schlimmes passiert, dann scheinen manche Menschen zu denken, dass sie nun unbedingt tapfer sein müssen. Und gläubige Menschen versuchen manchmal vorschnell, sich irgendwelche Erklärungen aus den Fingern zu saugen, warum das Leid bestimmt doch etwas Gutes hat, auch wenn wir es noch nicht sehen. Ganz klar: Solche Erklärungsversuche nerven, wenn man selbst grad mittendrin steckt!
Sicherlich kann es passieren, dass man im Nachhinein auf ein schlimmes Erlebnis zurückblickt und sieht, dass doch etwas Gutes daraus entstanden ist. Auch die Bibel spricht davon, dass Gott selbst Schlechtes dazu gebrauchen kann, um etwas richtig Gutes daraus zu machen. Aber so etwas sieht man oft erst im Nachhinein.
Natürlich, auch dann, wenn man mitten in der Sch... steckt, kann diese Hoffnung uns trösten. Aber ebenso wichtig ist etwas, das wir oft vernachlässigen: das Klagen. Es ist für unsere Seele sehr wichtig, dass wir die ganze Traurigkeit, die heftige Wut einfach herauslassen. Weinen, schreien, richtig wütend in ein Kissen schlagen, rennen, bis man nicht mehr kann, jammern ... all das ist erlaubt und kann sehr heilsam sein. Gott erwartet nicht, dass wir Menschen immer nur brav „Danke!" sagen.
Die Bibel erzählt von Hiob, einem Mann, der unglaublich viel Pech hatte. Er war ein sehr gläubiger und sehr reicher Mann. Doch eines

Tages verlor er alles, was er hatte – sogar seine Kinder. Hat er Gott etwa dafür gedankt? Tatsächlich hat er es versucht: „Der Herr hat's gegeben, der Herr hat's genommen, gelobt sei der Name des Herrn!", sagte er zu seiner Frau (Hiob 1,21; LU). Aber das hat er nicht durchgehalten, weil er merkte, dass da ziemlich viel Wut und Trauer in ihm waren – und all das hat er dann ganz ehrlich Gott entgegengeschrien. Er hat Gott wissen lassen, wie beschissen und unfair er das alles findet. Hiobs Freunde versuchten immer wieder, ihn davon abzubringen, ihn zum Schweigen zu bringen ... Aber Gott konnte wunderbar damit leben, dass Hiob ehrlich zu ihm war. Er wies Hiobs Freunde sogar zurecht – im Sinne von „Einfach mal die Klappe halten!".

Gott hält es aus, wenn wir klagen. Er wünscht sich sogar, dass wir ehrlich zu ihm sind und ihn wissen lassen, wenn alles gerade total mies läuft. Deshalb – wenn du Schlimmes durchmachst, dann gönn dir Zeit zum Klagen. Weine oder schreie. Schreibe Tagebuch; schreib auf, was dir durch den Kopf geht. Schütte dein Herz im Gebet vor Gott aus. Suche dir Leute, vor denen du dir einiges von der Seele reden kannst. Wenn du dich noch niemandem persönlich anvertrauen magst, kann die Telefonseelsorge ein guter erster Schritt sein. (Kontaktadressen findest du am Ende des Buches.)

Und wenn du Leute kennst, die gerade richtig viel Mist erleben, dann versuche, ihnen einfach zuzuhören. Sage ihnen, dass sie sich nicht ständig zusammenreißen müssen. Man muss nicht immer gleich einen Trost oder Erklärungen parat haben. Manchmal ist es besser zu sagen: „Das ist unbeschreiblich schlimm. Ich leide mir dir." Punkt.

Packen wir es an!

Und auch ganz wichtig: Es sind wir Menschen, durch die Gott Gutes tun will und durch die er diese Welt heilen will. Er hat uns einen Verstand gegeben, mit dem wir kapieren können, was geändert werden muss. Und einen Körper, mit dem wir an diesen Veränderungen arbeiten können. In der Bibel werden wir immer wieder aufgefordert, uns für Gerechtigkeit einzusetzen, Traurige zu trösten, Armen zu helfen. Es ist somit auch unsere Verantwortung, dazu beizutragen, dass das Gute in dieser Welt stärker wird.

Sei du selbst die Veränderung, die du dir wünschst für diese Welt.
– Mahatma Gandhi

Du kannst damit im Kleinen anfangen – jemandem zulächeln; nicht mitmachen, wenn ein Mitschüler ausgegrenzt wird, sondern nett zu ihm sein; auf Umweltschutz achten; einen kranken Menschen besuchen; jemandem eine nette Karte schicken…
All diese kleinen Taten sind unbeschreiblich gut und wichtig! Und je mehr Menschen sie tun, desto stärker wird die Macht der Liebe.
Eine weitere Möglichkeit, wie du selbst etwas gegen das Leid in der Welt tun kannst, ist, dich ehrenamtlich zu engagieren. Hier ein paar Ideen:

- ☞ DRK/Johanniter oder ähnliche Vereine (lernen, wie man Erste Hilfe leistet)
- ☞ Kirchengemeinde (z. B. Angebote für Kinder organisieren)
- ☞ Naturschutzbund, Greenpeace
- ☞ Die Tafel (Essen an arme Menschen ausgeben)
- ☞ Tierheim (Tiere ausführen und pflegen)
- ☞ Seniorenheim (einsame alte Menschen besuchen und z. B. etwas vorlesen oder Spiele spielen)

> $\hookrightarrow$ Freiwillige Feuerwehr
>
> $\hookrightarrow$ Ausbildung zum Rettungsschwimmer bei der DLRG
>
> $\hookrightarrow$ ...

Schaue, was dir liegt, wofür und für wen du ein Herz hast – und für wen du dich einsetzen willst: für Kinder, für Arme, für alte Menschen, für Tiere ... Vielleicht findest du durch deine Tätigkeit so ganz nebenbei auch heraus, in welchen Bereichen deine Stärken liegen. Es wäre doch toll, wenn du beispielsweise entdeckst, dass du ein Organisationstalent bist, anderen supergut zuhören kannst oder du es technisch voll draufhast.

ALKOHOL, DROGEN & CO UND DER UMGANG MIT MEDIEN

Alkohol und Drogen - (k)ein Problem?

Alex erzählt

Hi Leute,

wie sieht's bei dir eigentlich mit dem Thema Feiern aus? Also, ich meine jetzt nicht, ob du auf Partys gehst, sondern was du da so machst. Ja, gut, Klartext: Wie gehst du mit Alkohol und Drogen und all dem Kram um?

Ich finde, das ist echt nicht easy, weil man einerseits weiß, wie schädlich dieses Zeug ist, und andererseits dieser krasse Gruppendruck da ist. Man will halt dazugehören und nicht als Feigling oder Langweiler dastehen! Deshalb habe ich auch tatsächlich mal beim Kiffen mitgemacht – und, Leute, ich kann euch echt nur davon abraten! Das erste Mal war ganz gut, ich hab mich auch echt super gefühlt, aber beim zweiten Mal hatte ich einen richtig schlechten Trip. Alles kam mir plötzlich total langsam vor, aber auch mega-beängstigend. Die Wände schienen alle auf mich zuzukommen und ich hatte einfach nur wahnsinnige Panik! Das war eine der schlimmsten Erfahrungen meines Lebens. Einige Leute meinen, so was käme nur bei Anwendungsfehlern vor, aber das stimmt nicht – das kann immer passieren.

Einige Kumpels von mir sind richtig süchtig nach dem Zeug geworden und einer aus meiner Parallelklasse hat sogar eine Psychose bekommen. Der war monatelang in einer Klinik, und selbst jetzt hat er manchmal noch Phasen, in denen er nicht klar im Kopf ist und man nichts mit ihm anfangen kann. Er meinte, das wird vermutlich sein Leben lang so bleiben.

Okay, bei vielen hat das Kiffen nicht so krasse Folgen, aber man weiß eben vorher nie, wen es trifft. Deshalb hab ich für mich klar entschieden, mich von dem Kraut, und natürlich auch von anderen Drogen, die noch gefährlicher sind, fernzuhalten. Klar, die ersten Male wurde ich von ein paar Leuten schief angeguckt, und manchmal war es blöd, dass ich dann zu einigen Partys gar nicht erst hingehen brauchte, weil ich dann direkt breit gewesen wäre. Man atmet das Zeug ja ein, wenn der Raum voll davon ist. Aber mit der Zeit haben die Leute das dann akzeptiert, und ich hab dann auch mehr Jungs kennengelernt, die auch nicht kiffen wollten.

Alkohol habe ich dann ab 16 ab und zu mal getrunken, und einmal hab ich es dabei echt übertrieben – Alter, ging es mir schlecht! Ich hatte da irgendwie nicht eingeschätzt, wie schnell man schon von ein bisschen Bier betrunken werden kann. Na ja, danach hab ich dann auch drauf geachtet, in Maßen zu trinken, sodass ich noch klar im Kopf bin und weiß, was ich tue. Und auch das lernen die Leute zu akzeptieren! Man muss nur selbstbewusst damit umgehen und cool dabei bleiben, auch wenn mal der ein oder andere Kommentar kommt. Denn auf lange Sicht sind die meisten davon beeindruckt, wenn man klare Ansichten hat und dazu steht.

Früher oder später stehst du vor der Entscheidung, wie du mit Alkohol und Drogen umgehst. Viele Menschen genießen Alkohol in Maßen, indem sie ab und zu ein bis zwei Bier oder ein Glas Wein trinken oder mit Sekt anstoßen. Doch auf Partys wird oft übertrieben, und hier empfehle ich dir, vorsichtig zu sein. Erstens gibt es gesetzliche Vorgaben, ab wann Alkohol erlaubt ist. Unter 14 Jahren ist Alkohol gesetzlich absolut tabu. Bier, Wein und Sekt sind offiziell ab 16 Jahren erlaubt oder im Beisein der Eltern ab 14 Jahren. Hochprozentige Getränke wie Schnaps und Likör sind erst ab 18 Jahren zulässig.
Zweitens – und das ist noch viel wichtiger – solltest du darauf achten, was dir guttut. Zu viel Alkohol kann dazu führen, dass du die Kontrolle über dich verlierst und Dinge machst, die dir später peinlich sind oder sogar großen Schaden anrichten können. Saufen schadet außerdem deiner Gehirnentwicklung – macht also, einfach gesagt, dumm. Schon in der Bibel steht die Warnung, sich nicht mit Alkohol zu berauschen. Es geht also darum, zum einen bestimmte Regeln ernst zu nehmen und auch mit deinen Eltern zu besprechen und gleichzeitig selbst ein gutes Maß zu finden, sodass du dich selbst im Griff hast.
Wichtig ist es auch, auf Partys oder in Discos stets auf dein Getränk aufzupassen, damit niemand dir sogenannte „K.-o.-Tropfen" oder Drogen hineinmischen kann.
Apropos Drogen: Fang mit dem Mist bitte gar nicht erst an! Du weißt sicher, dass Drogen wie Extasy, Crystal Meth, Kokain, Heroin etc. extrem schnell abhängig machen. Dazu reicht schon ein einziges Mal! Drogen machen den Körper extrem kaputt und zerstören das ganze Leben, weil du abhängig von einem Stoff wirst, der dich krank macht.

Doch auch Kiffen ist nicht so harmlos, wie oft behauptet wird. Inzwischen weiß man, dass Cannabis nicht nur psychisch abhängig macht, sondern dass es auch körperliche Entzugserscheinungen gibt. Jugendliche, die kiffen, schaden ihrer Gehirnentwicklung. Wichtige Prozesse, die in der Pubertät im Gehirn stattfinden, funktionieren so nicht – und können später nicht mehr nachgeholt werden.

Außerdem besteht die Gefahr, dass du durch das Kiffen eine Psychose bekommst – eine schwere psychische Störung, die in vielen Fällen nicht heilbar ist.

Und Zigaretten? Glücklicherweise rauchen immer weniger Jugendliche. Rauchen ist quasi „out". Trotzdem kann es natürlich passieren, dass du Freunde hast, die den Glimmstängel lieben und dich dazu überreden wollen. Man sollte sich klarmachen, dass auch Nikotin eine Droge ist, die abhängig macht und dem Körper massiv schadet. Gelbe Zähne, fahle Haut, ein deutlich höheres Krebsrisiko ... wusstest du, dass 90 Prozent aller Fälle von Lungenkrebs durch Rauchen verursacht wurden?

Tipp von Simon und Melanie

Wir beide wissen, dass der Gruppenzwang manchmal ganz schön stark ist und es dann echt schwierig ist, Nein zu sagen. Wir können dir aber aus eigener Erfahrung auch sagen, dass die Leute, die einfach zu ihrer Meinung stehen und mit denen man trotzdem auf andere Weise Spaß haben kann, mit der Zeit fast immer respektiert werden. Man muss eine Weile durchhalten und bei blöden Kommentaren auf Durchzug schalten. Sage dir einfach, dass diese Leute, die sich über dich lustig machen, noch ziemlich unreif sind. Bleibe bei deiner Meinung, ohne sie anderen aufzudrängen. Dann werden die allermeisten mit der Zeit merken, dass man keine Spaßbremse ist, nur weil man beim Saufen oder Kiffen nicht mitmacht. Und ganz ehrlich: Die Leute, die dich deswegen nicht akzeptieren, wären eh keine guten Freunde!

Alex:
Hey, was geht? ✓

Paul:
Alles klar bei dir? ✓

Alex:
Alles paletti. Was machst du so? ✓

Paul:
Nichts Besonderes. ✓

Alex:
Schon wieder am Zocken, was? ✓

Paul:
Ja … ✓

Alex:
Mann, Alter, du hängst aber in letzter
Zeit ganz schön viel vor dem PC! ✓

Paul:
Macht halt Spaß! ✔

Alex:
Klar. Aber andere Sachen machen auch Spaß.
Rausgehen zum Beispiel oder Sport. ✔

Paul:
Zocken macht mehr Spaß! ✔

Alex:
Jo, das denkt man, wenn man süchtig
nach dem Zeug ist. ✔

Paul:
Ach, Quatsch. ✔

Alex:
Ich mein ja nur. Ich habe auch mal viel zu viel
gezockt. Ich bin richtig versackt und hatte nur
noch das Spiel im Kopf. Da wird man echt schnell
süchtig. Das ist nicht gut für dich, Mann! ✔

Paul:
So schlimm ist es doch nicht. ✔

Alex:
Das sagen alle Süchtigen ... Glaub mir, das tut dir nicht gut. Es ist echt nicht cool, wenn etwas dich so sehr im Griff hat. Bist du nicht um diese Uhrzeit sonst im Gottesdienst? ✔✔

Paul:
Ja ... aber ich hatte keine Lust. ✔✔

Alex:
Sonst war dir das doch immer voll wichtig! Du machst da doch immer die Technik, damit die alten Leute über Hörgeräte was von der Predigt mitkriegen, oder? ✔✔

Paul:
Ja, müssen die halt mal sehen, wie die das heute hinkriegen. ✔✔

Alex:
Ehrlich, Alter! Du weißt, ich zocke auch gern mal ... aber wenn dir das Game schon wichtiger ist als deine Aufgaben im Gottesdienst ... Hast du schon mal was von Götzendienst gehört? ✔✔

Paul:
Hä? ✔✔

Alex:
Götzen sind Götter, die man sich selber macht. Wenn einem etwas wichtiger wird als Gott. Das findet Gott richtig scheiße und das tut uns auch überhaupt nicht gut.

Paul:
Mhm …

Alex:
Ich weiß, es passiert echt schnell, dass man ständig zocken will. Es macht Spaß und man will dann noch besser werden und so … Das ist ganz normal. Aber das ist echt eine gefährliche Sache. Das Spiel bestimmt dann irgendwann über dich!

Paul:
Ja, hast wahrscheinlich recht … meine Eltern nervt das auch, und die alten Leute tun mir schon leid, wenn die jetzt wegen mir nichts hören. Aber fällt mir echt schwer, aufzuhören, wenn es so spannend ist.

Alex:
Klar, geht mir genauso! Aber genau das ist ja deren Strategie. Dadurch verkaufen die immer mehr, aber wir machen uns damit kaputt, wenn wir das nicht im Griff haben.

Alex:
Du musst dir ein Limit setzen, zum Beispiel anderthalb Stunden am Tag oder am Wochenende mal etwas mehr. Mach dir klar, dass es Dinge gibt, die wichtiger sind. Und dann bleib stark, auch wenn du gerade total Bock hast, weiterzuzocken. Und bitte Gott, dass das Zocken nicht zu viel Kontrolle über dich bekommt.

Paul:
Weißt du was? Ich mach jetzt aus. Wenn ich mit dem Fahrrad fahre, schaffe ich es noch rechtzeitig bis zum Gottesdienst. Danke dir!

„Jetzt mach das Ding doch mal aus …" Vermutlich kommt dieser oder ein ähnlicher Satz auch öfter mal von deinen Eltern, oder? Das Thema „Mediennutzung" führt oft zu hitzigen Diskussionen zwischen Jugendlichen und Eltern. Medien spielen eine ziemlich große Rolle für die meisten Teens: chatten über WhatsApp, Fotos oder Videos posten, Musik hören, Serien und YouTube-Clips ansehen, zocken … – die Möglichkeiten sind beinahe unbegrenzt. Deshalb ist es kein Wunder, wenn du gern viel Zeit damit verbringst.

Die meisten Eltern sind hin- und hergerissen: Einerseits wollen sie ihren Kindern den Spaß und den Austausch mit Gleichaltrigen gönnen, andererseits wissen sie, dass das Internet auch viele Gefahren birgt – und dass Computerspiele ein hohes Suchtpotenzial haben. Besonders wenn Eltern den Eindruck haben, gar nicht einschätzen zu können, wie häufig ihre Kinder Smartphone und Co nutzen, übertreiben sie es manchmal auch mit der Strenge. Deshalb ist es hilfreich, wenn du deinen Eltern entgegenkommst, indem du ehrlich mit ihnen über das Thema sprichst und versuchst, Regeln zu vereinbaren, mit denen sowohl du als auch deine Eltern gut leben können.

Denn neben all dem Spaß am Spielen, Posten, Chatten ist an der Gefahr eben auch was dran: Es kann passieren, dass du immer mehr Zeit vor dem Bildschirm oder mit deinem Smartphone verbringst – und das gar nicht so richtig merkst. Die Macher all der Spiele, Serien usw. wissen ziemlich genau, wie sie die Nutzer dazu bringen können, immer mehr davon zu wollen! Du gewöhnst dich langsam daran, und dann klebst du quasi fest – und hast immer weniger Zeit und Energie für andere Lebensbereiche. Das kann dazu führen, dass du Freunde, Familie, Schule, Sport und vieles andere vernachlässigst und dein Leben aus dem Gleichgewicht gerät. Am Anfang fühlt es sich gut an, aber auf Dauer geht es dir damit immer schlechter, und es ist alles andere als einfach, da wieder rauszukommen!

Tipps für einen entspannten & sicheren Umgang mit den Medien

↪ **Achte darauf, dass dein Medienkonsum nicht zu viel Zeit beansprucht.** Experten empfehlen, dass Jugendliche maximal zwei Stunden pro Tag an Geräten wie Smartphone, Computer, Fernseher, Konsole usw. verbringen. Klar kann man da mal Ausnahmen machen, zum Beispiel in den Ferien oder am Wochenende – aber grundsätzlich bietet dieser Richtwert eine gute Orientierung.

↪ **Sei ehrlich zu dir selbst,** wenn du merkst, dass dein Medienkonsum kein gesundes Maß mehr hat. Überlege, mit wem du darüber sprechen könntest, um dir Unterstützung zu holen. Kostenlose, professionelle Beratungsangebote findest du unter ❯❯ www.fv-medien-abhaengigkeit.de.

↪ **Sei vorsichtig mit persönlichen Daten im Internet.** Achte auf deine Einstellungen in sozialen Netzwerken: Kann jeder deine Fotos, Postings usw. sehen? Meist kann man das in den Einstellungen einschränken. Gib im Netz nicht einfach so deine Adresse, Telefonnummer, deine Kontodaten und andere persönliche Informationen preis.

↪ **Überlege auch, welche Fotos und Videos du posten willst.** Manches ist auf den ersten Blick lustig, später dann aber doch peinlich.

↪ **Öffne niemals Dateianhänge von unbekannten Absendern.** Wenn dir Links oder Seiten seltsam vorkommen, klicke auf keinen Fall darauf. Im Internet treiben sich ziemlich viele Betrüger herum, die deine Kontodaten abgreifen, dir einen Virus auf den Rechner schmuggeln oder dich auf eine andere Art betrügen wollen. Vorsicht auch bei eingeblendeten Werbebannern, Gratisangeboten und Gewinnspielen. Frage lieber deine Eltern oder andere Vertraute um Rat, wenn du dir unsicher bist.

↪ **Triff dich niemals allein mit Menschen, die du nur aus dem Internet kennst.** Auch wenn der- oder diejenige noch so vertrauenswürdig erscheint – es kann immer jemand dahinterstecken, der dir schaden will.

Mach dir klar, dass das Internet nicht das „echte Leben" ist. Man kann sich mit Leuten, die man nur aus dem Internet kennt und mit denen man viel schreibt oder zockt, total verbunden fühlen – aber im Grunde sind es doch Fremde. Achte darauf, dass du dein echtes Leben nicht für die Scheinwelt im Netz oder in Serien vernachlässigst. Wenn du merkst, dass du viel mehr Stunden davorsitzt und/oder es dir echt schwerfällt, deinen Medienkonsum zu reduzieren, könnte schon eine Sucht entstanden sein.

Streaming-Anbieter im Internet verführen oft zu „Binge-Watching" von Serien, man guckt dann eine Folge nach der anderen. Das mag mal okay sein, wenn man gerade ein paar Tage freihat oder mit einem gebrochenen Bein zu Hause auf der Couch liegt, aber auf Dauer ist das ziemlich ungesund. Denn schnell wird man abhängig – und das eigene Leben fühlt sich immer „leerer" und „langweiliger" an.

Frage dich selbst ehrlich, ob du deinen Medienkonsum noch im Griff hast oder das Smartphone (bzw. die Serie, das Spiel) dich im Griff hat. Wenn du merkst, dass du nicht mehr so einfach davon loskommst, dann schau mal auf Seite 145 f. Dort findest du Tipps zum Umgang mit eigenem zwanghaften Verhalten.

Gewalt und andere fragwürdige Medieninhalte

Beim Zocken, Surfen und Fernsehen stellt sich schon mal die Frage, wie man mit Gewalt oder ähnlichen negativen Dingen in Computerspielen, aber auch Filmen, Serien etc. umgeht. Hier ein paar Impulse, die dir weiterhelfen können:

Tipps von Simon und Melanie

⮑ **Wenn du Medien nutzt, fütterst du automatisch dein Gehirn damit.** Auch wenn du meinst, dass du selbst nie so etwas tun würdest – wenn man sich ständig Gewaltszenen anschaut, stumpft man früher oder später ab. Im Talmud, einem der wichtigsten Bücher im Judentum, gibt es einen Spruch:

Achte auf deine Worte, denn sie werden deine Taten!
Achte auf deine Taten, denn sie werden deine Gewohnheiten!
Achte auf deine Gewohnheiten, denn sie werden dein Charakter!
Achte auf deinen Charakter, denn er wird dein Schicksal!

⮑ **Auch wenn du selbst Gewalt klar ablehnst:** Wenn du gewaltverherrlichende Medien kaufst/nutzt, unterstützt du die Industrie, die diese Medien herstellt. Damit trägst du mit dazu bei, dass diese Inhalte in die Hände von Leuten gelangen, die möglicherweise nicht so gut zwischen Medienwelt und Realität unterscheiden können.

⮑ **Eine gute Grundregel kann sein:** Dinge, die moralisch falsch sind, die du im wahren Leben nicht tun würdest, die solltest du auch nicht in einem Computerspiel tun. Beispiele sind Rollen wie Auftragsmörder, Zuhälter etc.

↪ **Überprüfe immer wieder selbst, was die Medien mit dir machen.** Wie fühlst du dich, während du sie nutzt, und wie fühlst du dich danach? Bemerkst du Veränderungen an deiner Stimmung, an deinem Verhalten, an deinen Einstellungen? Hör bei der Frage, ob bestimmte Medien dir guttun oder dich auf Dauer eher runterziehen, auch auf dein Bauchgefühl.

↪ **Oft gibt es von Spielen unterschiedliche Versionen,** wobei die deutschen Versionen meist weniger Gewalt beinhalten.

↪ **Wie bei allen Fragen des Lebens ist das Gebet** auch beim Thema „Mediennutzung" eine gute Sache. Frage Gott, was er von den Sachen hält, die du so nutzt. Überlege dir, ob die Inhalte der Medien, die du dir anschaust, zu deinem Glauben bzw. deinen Werten passen.

Wenn die Sehnsucht zur Sucht wird

Auf S. 142–143 wurde das Thema schon mal angeschnitten; an dieser Stelle möchte ich aber noch einmal konkreter darauf eingehen, wie du damit umgehen kannst, wenn du merkst, dass du von einer bestimmten Sache nicht mehr loskommst – sei es das Smartphone, Internet, Alkohol, Drogen oder Gedanken an Sex. Im Grunde kann alles zu einer Sucht werden. Auch ein bestimmtes Bestreben wie der Wille, perfekt oder erfolgreich zu sein. Jede Sucht ist eine ernste Sache, auch wenn es zunächst harmlos aussieht. Sei ehrlich zu dir selbst. Beschönige das Problem nicht, sondern sage dir selbst: „Ja, ich bin süchtig. Ja, ich habe ein Problem und das gestehe ich mir ein."
Folgende Tipps können dir helfen, aus deinem zwanghaften Verhalten herauszufinden:

Wenn du einen Zugang zum Glauben hast, dann bete. Wenn du noch nie gebetet hast, dann versuche es doch einfach mal – zieh dich zurück und rede mit Gott einfach so, wie es dir gerade in den Sinn kommt. Du kannst Gott auch einen Brief schreiben. Mach dir keine Gedanken über deine Worte – Gott versteht dich, weil er sogar deine Gedanken kennt.

 Frage dich, welche Sehnsucht hinter der Sucht steht. Was fehlt dir in deinem Leben – zum Beispiel Genuss, Entspannung, Spaß, ein tieferer Sinn? Überlege, wie du diese Bedürfnisse auf gesunde Weise erfüllen kannst, zum Beispiel:

→ Musik aufmerksam hören und es dir dabei gemütlich machen

→ kochen lernen und das Essen ganz bewusst genießen

→ eine neue Sportart lernen oder einfach mehr Sport machen – Bewegung entspannt und fördert die Ausschüttung von Glückshormonen

→ etwas mit deinen Freunden unternehmen

→ überlegen, ob du dich irgendwo ehrenamtlich engagieren könntest

→ über ein neues Hobby nachdenken

 Mache dir eine Tabelle mit Pro- und Contra-Argumenten: Was spricht dafür, die Sucht zu behalten (z. B. Spaß, gute Gefühle), und was spricht dagegen (Gefährdung der Gesundheit, Abhängigkeit)? So führst du dir ganz bewusst vor Augen, was dich zu einer Veränderung motiviert.

 Lege Ziele fest und sei konsequent. Nimm dir eine bestimmte Zeit vor, in der du deiner Sucht auf keinen Fall nachgeben wirst. Mach dir einen Notfallplan: Wie kannst du dich ablenken oder entspannen, wenn der Drang

besonders stark wird? Oft hilft es, eine andere Person einzuweihen, die dich unterstützt und ermutigt.

 Hole dir in jedem Fall Hilfe! Wenn du sie in deinem Umfeld nicht findest, dann schau in den Anhang des Buches, wo auf der Seite 158 entsprechende Beratungsadressen aufgelistet sind.

SCHULE UND BERUF

Alex erzählt

 *Moin,*

Mann, ich sag's dir, ich bin echt froh, dass ich die Schule hinter mir habe! Obwohl, manches vermisse ich auch. Zum Beispiel, dass man bestimmte Leute, die man mag, jeden Tag sieht und superviel Zeit mit ihnen verbringt. Und manche Themen waren ja auch wirklich ganz interessant.

Aber ich weiß noch, dass mir das Lernen so ab 13, 14 Jahren teilweise echt schwerfiel. Man hat da so viel anderes im Kopf als Formeln und Vokabeln und so was! Manchmal konnte ich überhaupt nicht meinen Hintern hochkriegen und was für die Schule tun. Ich hab mich dann nach einiger Zeit immer wieder irgendwie gezwungen, am Ball zu bleiben, aber phasenweise konnte ich mich einfach kaum konzentrieren, obwohl ich mich echt angestrengt habe. Das kennst du vielleicht auch … Wenn nicht, sei froh, denn diese Probleme sind ziemlich typisch für die Pubertät.

Und, na ja, je näher der Abschluss rückt, desto mehr drängt sich ja eine ziemlich schwierige Frage auf, mit der wir dann immer mal wieder genervt werden: „Was willst du denn nach der Schule machen?"

Ja, anfangs hat mich das echt nur genervt, aber dann war ich mal im Berufsinformationszentrum der Arbeitsagentur und hab festgestellt, dass das Ganze eigentlich voll spannend ist. Es gibt so unglaublich viele verschiedene Berufswege – eigentlich cool, was man da für eine Auswahl hat! Deshalb hab ich mich dann dort beraten lassen und auch so einen Berufstest gemacht. Das hat mir schon mal geholfen, ein paar erste Ideen zu bekommen, in welche Richtung es gehen könnte.

Um dann mal einen Eindruck vom Berufsalltag zu bekommen, hab ich mir gut überlegt, wo ich meine Schulpraktika mache. Ich hab bei meinem Onkel in der Autowerkstatt gearbeitet und dann in der 10. Klasse zwei Wochen in einer Softwarefirma. Und ich hab dann sogar noch zwei zusätzliche Praktika in den Ferien gemacht, um noch was anderes auszuprobieren. Die Entscheidung war echt nicht einfach!

Dann hab ich ein Studium der Elektrotechnik angefangen, da aber recht schnell gemerkt: Mist, das ist so gar nichts für mich. Erst fiel es mir schwer, mir das einzugestehen, aber heute bin ich froh darüber, dass ich ehrlich zu mir selbst war. Denn mit meiner jetzigen Ausbildung als Mechatroniker bin ich total zufrieden!

Schule ist nicht alles

Durch das Hormonchaos und die vielen Veränderungen in der Pubertät fällt es vielen Schülern schwer, sich zu konzentrieren. Besonders, wenn man verliebt ist, wandern die Gedanken schnell immer wieder zu dem Mädchen, das einen so durcheinanderbringt. Wer kann sich da schon noch mit voller Aufmerksamkeit mathematischen Formeln widmen?

Es ist also ziemlich normal, wenn dir das Lernen in dieser Zeit schwerer fällt. Versuche, dir feste Lernzeiten einzuplanen, in denen du dich ganz bewusst auf die Schule konzentrierst. Schreibe alle anderen Gedanken auf einen Zettel, den du dir für später weglegst. Es kann auch helfen, beim Lernen leise entspannende Musik zu hören oder, wenn dich das eher ablenkt, vor dem Lernen eine Viertelstunde entspannt Musik zu hören. Bewegung und frische Luft fördern ebenso die Konzentration.

Auch wenn dir der Lernstoff manchmal ziemlich sinnlos vorkommt – versuche, dich weiter zu motivieren, indem du Ausschau nach Inhalten hältst, die dich zumindest ein wenig interessieren. Halte dir vor Augen, dass du zwar nicht alles, was du lernst, später anwenden kannst, dass aber eine gute Allgemeinbildung trotzdem ziemlich viel wert ist, um später im Leben gut zurechtzukommen und beruflich erfolgreich zu sein. Wenn manche Inhalte für dich unwichtig erscheinen, dann sind gute Noten trotzdem ein lohnenswertes Ziel. Einfach, weil ein guter Abschluss dir viele Chancen eröffnet und dir viel mehr Freiheit bei der Auswahl deines Berufs bietet, als wenn du die Schule mit Ach und Krach hinter dich bringst.

Außerdem trainierst du durch das Lernen von Sachen, die dir so gar nicht zusagen, Fähigkeiten wie Durchhaltevermögen und Eigenmotivation. Du übst dich darin, mit Frust und Anstrengung umzugehen – all das sind Fähigkeiten, die dir später auch in deinem Beruf weiterhelfen werden. Ein gewisser Ehrgeiz ist also gut und sinnvoll.

Auch wenn du diszipliniert lernst und alles dafür tust, gut abzuschneiden, kann jedoch immer etwas dazwischenkommen (eine Krankheit oder ein Blackout), das dazu führt, dass du trotz allem nicht die gewünschte Leistung erbringst. Es ist daher klug, wenn du deinen Selbstwert nicht von deiner Leistung abhängig machst.

Es ist natürlich ebenso wichtig, dass du es mit dem Lernen nicht über-
treibst. Wenn du dich total unter Druck setzt und dich nur noch über
deine Leistung definierst, dann befindest du dich auf keinem guten
Weg. Menschen mit dieser Neigung überfordern sich oft selbst, gönnen sich keine Ruhepausen und machen sich selbst das Leben zum
ständigen Kampf. Das schadet auf Dauer der Gesundheit und macht
unglücklich, weil man die eigene Zufriedenheit von der Leistung abhängig macht.

Was soll ich werden?

Spätestens, wenn das erste Schülerpraktikum ansteht, denken die
meisten Jugendlichen darüber nach, was sie nach der Schule machen
wollen.
Und diese Entscheidung ist gar nicht so einfach, denn es gibt unglaublich viele Berufswege. Ein Praktikum ist eine tolle Möglichkeit, um in
einen Beruf hineinzuschnuppern. Wenn das Schulpraktikum dir nicht
so viel gebracht hat, dann schaue doch, ob du in den Ferien ein paar
Wochen in ein freiwilliges Praktikum investieren kannst.
Folgende Fragen können dir bei der ersten Orientierung helfen:

> **?** Welche Fächer machen mir in der Schule Spaß und lie-
> gen mir?
>
> → Diese Frage hilft, einzugrenzen, ob du dich eher für
> naturwissenschaftliche oder technische oder eher
> für sprachliche oder soziale Berufe interessierst.
>
> **?** Bin ich eher ein praktischer Mensch, der Dinge anpackt,
> oder arbeite ich gern mit meinem Kopf, stelle mir Dinge
> vor und mag die Theorie?

→ Diese Einschätzung hilft dir bei der Entscheidung, ob ein Ausbildungsberuf (praxisnäher) oder ein Studium (theorielastiger) zu dir passt. Es gibt auch gute Mittelwege wie Fachhochschulen oder duale Ausbildungsgänge.

? Gibt es ein Thema, das mich total fasziniert oder wofür ich mich gern einsetzen würde? Zum Beispiel Krankheiten, Technik, Forschung oder Literatur, Kunst, vernachlässigte Kinder ...?

? Welche Stärken habe ich? Bin ich eher offen, kontaktfreudig, kommunikativ? Dann wäre ein reiner Bürojob vermutlich zu langweilig. Bin ich kreativ und liebe die Abwechslung? Dann sind Verwaltungsaufgaben nicht so passend – sie sind gut geeignet für Menschen, die Struktur und Ordnung lieben und kein Problem mit gleichen Abläufen haben.
Bin ich gut darin, anderen etwas zu erklären und sie anzuleiten? Dann könnte das Lehramt spannend sein.

? Wie stelle ich mir mein Leben vor? Ist es mir wichtig, geregelte, feste Arbeitszeiten zu haben und meinen Beruf mit Familie gut vereinbaren zu können? Das ist mit Jobs wie Flugbegleiter, Rettungssanitäter, Polizist oder Manager schwierig. Oder möchte ich viel reisen und unterwegs sein?

Wir empfehlen dir außerdem, mit Menschen, die dich gut kennen, zu sprechen und sie zu fragen, welche Stärken sie bei dir sehen und welche berufliche Richtung sie sich für dich vorstellen könnten.
Und wie bei allen wichtigen Entscheidungen: Frage Gott, wo er dich gebrauchen möchte. Frage ihn, wo du die Fähigkeiten, die er dir gegeben hat, am besten einsetzen kannst. Bitte ihn, dir einen guten Weg zu zeigen, der zu dir passt. Danke ihm, dass er dir nahe ist und versprochen hat, dir zu helfen – und nimm dir Zeit, ihm zuzuhören. Wenn du

Gott alles gesagt hast, dann sei eine Weile einfach still, atme ruhig und gib ihm die Gelegenheit, zu dir zu sprechen. Manchmal macht er das direkt, zum Beispiel durch bestimmte Gedanken oder Eindrücke. Manchmal dauert es aber auch eine Weile – und manchmal weiß man auch nach viel Gebet noch immer nicht genau, was man tun soll. Dann kann es durchaus sein, dass es einfach mehrere gute Wege gibt. Gott hat uns Freiheit geschenkt, und in dieser Freiheit dürfen wir auch leben. Lass dich beraten (zum Beispiel bei einem Berufsberatungsgespräch im BIZ, dem Berufsinformationszentrum), hole dir im Internet oder auch im BIZ Infos zu den verschiedenen Wegen in den Beruf, und höre auch auf dein Bauchgefühl. Wenn du dann eine Idee hast, welche Ausbildung oder welches Studium zu dir passen könnte, dann kannst du zum Beispiel beten:

> „Gott, ich glaube, dass der Beruf _____ der richtige für mich sein könnte. Und ich würde mich gern bei der Firma _____ oder an der Uni _____ bewerben. Ich bitte dich: Dein Wille geschehe. Wenn dieser Weg doch nicht zu mir passt, dann zeige mir das bitte, und lass mich erkennen, welche bessere Alternative es gibt. Und ansonsten schenke mir deinen Segen bei den nächsten Schritten."

So oder so ähnlich kann man beten, wenn man mutig und selbstbewusst seinen Weg geht und gleichzeitig nach Gottes Willen fragt.

Hilfe aus dem Netz

 www.berufenet.arbeitsagentur.de
Wenn du ungefähr weißt, welche Berufsfelder spannend für dich klingen, kannst du dir zeigen lassen, welche Berufe es in dem jeweiligen Bereich gibt. Du kannst hier auch direkt Berufe eingeben und dich näher über diese informieren.

 https://portal.berufe-universum.de
Auf dieser Seite kannst du ein Programm starten, das dir am Ende passende Berufsfelder und Ausbildungsberufe vorschlägt.

 www.studieren.de
Hier kannst du herausfinden, wo man was studieren kann.

 www.ruhr-uni-bochum.de/beratungstool/mein-berufsweg.htm
Auf der Seite der Uni Bochum gibt es einen Test zum Thema Berufsweg. Du brauchst dafür etwa zwei Stunden Zeit, dafür liefert der Test dir aber genaue Vorschläge für Studiengänge, die dich interessieren könnten.

 www.planet-beruf.de
Infos und Tipps rund um Praktika, Berufswahl, Ausbildungsplätze und Bewerbung findest du unter diesem Link.

Schweiz:

 www.yousty.ch/de-CH/lehrstellen/berufe
Hier findest du alle Berufe in der Schweiz, bei denen du eine Lehre absolvieren kannst. Mit der interaktiven Berufswahl

schlägt dir diese Seite anhand deiner Vorlieben, Stärken und Schwächen individuell passende Berufe vor.

 **www.berufsberatung.ch**

Hier gibt es Infos zu über 2600 Berufen. Die Seite ermöglicht dir eine detaillierte Suche nach verschiedenen Gesichtspunkten.

 **https://berufskunde.com**

Hier gibt es umfassende Infos zu einzelnen Berufen, zum Studium sowie zu den Möglichkeiten, wie du die Zeit zwischen Schule und Ausbildung überbrücken kannst.

Österreich:

 **www.wifi.at**

Eine Bildungsberatung für Jugendliche findest du unter www.wifi.at/karriere/bildungsberatung/jugendliche%20 und%20schulen/bildungsberatung-jugendliche.

 **www.studieren.at/studienberatung/**

Hier findest du Beratungsstellen rund um das Thema Studieren.

Hilfe & Beratung

Wenn du zu bestimmten Themen Fragen hast oder Hilfe brauchst, findest du hier geeignete Ansprechpartner und Internetadressen. Die Angebote sind kostenlos.

→ Allgemeine Beratung für alle Themen, die dich belasten

Deutschland:

→ Telefonberatung „Nummer gegen Kummer": 111 116, Montag bis Samstag von 14–20 Uhr oder E-Mail-Beratung auf ❯❯ **www.nummergegenkummer.de**

→ Telefonseelsorge: 0800-111 0 111, täglich und rund um die Uhr erreichbar, oder E-Mail- oder Chat-Beratung auf ❯❯ **www.telefonseelsorge.de**

→ Jugendberatung online: ❯❯ **www.jugend.bke-beratung.de**

→ Beratungsstellen-Führer: ❯❯ **www.dajeb.de**
Hier kannst du unter „Beratungsführer online" deine Postleitzahl eingeben und anklicken, zu welchem Thema du Beratung vor Ort suchst. Dort kannst du dich dann telefonisch oder per Mail melden und einen Termin ausmachen.

Schweiz:

→ Die Notrufnummer 147 von „Pro Juventute" hilft bei Fragen, Problemen und in Notsituationen weiter. Rund um die Uhr. Via Telefon, SMS, Chat, E-Mail und Webservice. ❯❯ **www.projuventute.ch**

Österreich:

→ **„Nummer gegen Kummer"**, rund um die Uhr kostenlos erreichbar unter ⊗⊗ 0800 567 567

→ Therapeutische Hilfe

Bei manchen Themen reicht eine einmalige Beratung oder Seelsorge nicht aus, sondern man braucht über einen längeren Zeitraum psychotherapeutische Hilfe (zum Beispiel bei schweren Krisen, Essstörungen, Depressionen). Geeignete Therapeuten sowie Tipps und Infos zum Thema „Psychotherapie" findest du z.B. auf ⊗⊗ www.therapie.de. Du kannst auch online nach Kinder- und Jugendlichen-Psychotherapeuten oder Institutsambulanzen in deiner Nähe suchen. In Institutsambulanzen arbeiten Kinder- und Jugendlichen-Psychotherapeuten in der zweiten Hälfte ihrer Ausbildung unter Anleitung erfahrener Kollegen, und oft sind die Wartezeiten dort etwas kürzer. Wichtig ist immer, dass du dich bei dem Therapeuten bzw. der Therapeutin wohlfühlst – dazu gibt es am Anfang einer Therapie stets mehrere Gespräche, in denen du schauen kannst, ob die „Chemie" zwischen euch stimmt. In einer Therapie wirst du übrigens zu nichts gezwungen – du entscheidest, was du willst und was nicht. Es kostet oft etwas Überwindung, sich zu öffnen, aber viele Jugendliche fühlen sich nach einer Therapie deutlich besser.

→ Beratung rund um Verhütung und Schwangerschaft

→ Pro Femina, christlich orientierte Beratung bei ungeplanter Schwangerschaft: ⊗⊗ **www.profemina.org**
→ Schwangerenberatung „Donum Vitae" – online und vor Ort: ⊗⊗ **www.donumvitae.org**
→ **Hilfetelefon „Schwangere in Not":** 0800 40 40 020 (rund um die Uhr erreichbar)
→ ⊗⊗ **www.schwanger-unter-20.de**

→ Hilfe zu den Themen Beziehungen, Sexualität und sexuelle Gewalt

→ **Hilfetelefon Sexueller Missbrauch:** 0800-22 55 530 (montags, mittwochs und freitags: 9 bis 14 Uhr, dienstags und donnerstags: 15 bis 20 Uhr) oder per Mail: ❯❯ beratung@hilfetelefon-missbrauch.de

→ Weißes Kreuz – christliche Beratung rund um die Themen Liebe und Sexualität: ❯❯ **www.weisses-kreuz.de**

→ Hilfe bei Essstörungen

→ Beratung bei Essstörungen: ❯❯ **www.anad.de.** Hier kannst du auch in wenigen Schritten dein Essverhalten testen.

→ Die Bundeszentrale für gesundheitliche Aufklärung hat ebenfalls ein Internetangebot zum Thema: ❯❯ **www.bzga-essstoerungen.de** Hier gibt es auch ein Beratungstelefon, das täglich erreichbar ist.

→ Hilfen und Beratung zu den Themen Drogen und Alkohol und Porno-Sucht

→ Gute Infos und Tipps zum Umgang mit Alkohol findest du auf ❯❯ **www.kenn-dein-limit.info**

→ Solltest du kiffen, informiere dich mal über das Angebot „Quit the shit", um deinen Konsum zu überdenken, zu reduzieren oder ganz aufzuhören. Du bekommst dort gute Tipps und kannst dich professionell begleiten lassen: ❯❯ **www.quit-the-shit.net**

→ Weitere Infos über Drogen und Hilfe zu diesem Thema: ❯❯ auf **www.drugcom.de**

→ Hilfreiche Infos zum Rauchen und Tipps zum Aufhören bietet die Seite ❯❯ **www.rauch-frei.info**

→ Erste Tipps zum Umgang mit Suchtverhalten kannst du in diesem Buch auf S. 145–147 nachlesen.

→ Hilfe bei Pornosucht: ❯❯ **www.porno-ausweg.de**

→ Erste Hilfe bei Mobbing

→ Onlineberatung auf ❯❯ **www.nina-info.de**

→ **http://mobbing-schluss-damit.de/erste-hilfe**

ANMERKUNGEN

1 www.visualstatements.net/visuals/visualstatements/es-gibt-so-sagenhaft-schoene-menschen-und-es-ist-scheissegal-wie-die-aussehen/
2 https://news.byu.edu/news/good-things-come-couples-who-wait
3 Klaus Mücke, Probleme sind Lösungen, 2001, S. 57 f.
4 Max Lucado, Du bist einmalig, © 2016 SCM Verlagsgruppe GmbH, Witten/Holzgerlingen
5 Josh Mc Dowell, The Resurrection Factor, 1991 (deutsch: Die Tatsache der Auferstehung), 1993, S. 19.
6 Wilbur Smith, Therefore Stand, Grand Rapids, Mich., Baker Book House 1965, S. 425 und 584.

Der Verlag weist ausdrücklich darauf hin, dass im Text
enthaltene Links nur bis zum Zeitpunkt
der Buchveröffentlichung eingesehen werden konnten.
Auf spätere Veränderungen hat der Verlag keinerlei Einfluss.
Eine Haftung des Verlags ist daher ausgeschlossen.

Die Bibelzitate in diesem Buch wurden folgenden Bibelübersetzungen entnommen:
Hoffnung für alle, © Copyright 1983, 1996, 2002, 2015 by Biblica, Inc.®.
Verwendet mit freundlicher Genehmigung des Herausgebers Fontis (Hfa)
Lutherbibel, revidiert 2017, © 2016 Deutsche Bibelgesellschaft, Stuttgart (LU)
Neues Leben. Die Bibel, © 2002 und 2006 SCM R.Brockhaus im
SCM-Verlag GmbH & CO KG, Witten (NL)
Gute Nachricht Bibel, revidierte Fassung, durchgesehene Ausgabe,
© 2000 Deutsche Bibelgesellschaft Stuttgart (GN)
Neue evangelistische Übersetzung, © 2018 by Karl-Heinz Vanheiden
www.kh-vanheiden.de (NeÜ)

1. Auflage 2019
Bestell-Nr. 817557
ISBN 978-3-95734-557-8

Umschlaggestaltung: Anna-Lisa Offermann
unter Verwendung von: Shutterstock
Lektorat: Verena Keil
Satzlayout und Herstellung: Immanuel Grapentin
Satz: Uhl + Massopust GmbH, Aalen
Druck und Verarbeitung: GGP Media GmbH, Pößneck
Printed in Germany

www.gerth.de